赴美生活指南 1

你一定要知道的

美国钱规则

Money Talks
You Must Have

俞心怡　张洪 著

北京日报出版社

图书在版编目（CIP）数据

你一定要知道的美国钱规则：赴美生活指南．①/俞心怡，张洪著．-- 北京：北京日报出版社，2016.10
ISBN 978-7-5477-2331-9

Ⅰ．①你… Ⅱ．①俞… ②张… Ⅲ．①美国—概况 Ⅳ．① K971.2

中国版本图书馆 CIP 数据核字 (2016) 第 237541 号

你一定要知道的美国钱规则

出版发行：北京日报出版社
地　　址：北京市东城区东单三条8-16号东方广场东配楼四层
邮　　编：100005
电　　话：发行部：（010）65255876
　　　　　总编室：（010）65252135
印　　刷：北京宝昌彩色印刷有限公司
经　　销：各地新华书店
版　　次：2016年10月第1版
　　　　　2016年10月第1次印刷
开　　本：880毫米×1230毫米　1/32
字　　数：230千字
印　　张：8
定　　价：58.00元

前言

《赴美生活指南》系列旨在让去美国的留学生、旅游者、生意人、投资人、工作人员和移民等，尽快适应美国的人文社会环境，少走弯路，以减少不必要的损失。同时本系列也为对美国生活感兴趣的人，打开了一个全面了解美国真实生活的窗口。

本书的两位作者，各自在美国学习生活工作了二十多年，和中国一直有着千丝万缕的关系，为中国赴美的家人朋友客户答疑解惑。多年来，看过很多关于美国的电影电视和游记小说，听到很多浮光掠影或一鳞半爪的传说，甚至是以讹传讹的故事。使国人对美国现状造成不必要的误解，也给初到美国的华人带来种种困惑，有时候甚至让他们陷入盲区。

我们推出《赴美生活指南》系列丛书，想对美国生活作一个系统的介绍，用图文并茂、浅显易懂的语言和贴近生活的话题，让国人对美国大多数老百姓的衣食住行，居家生活，上学工作，看病买房等有一个全面的了解。这个系列将会包括到美国怎么花钱，怎么报税，怎么上学，怎么旅游，怎么购买房地产，怎么开公司找工作，怎么投资，等等。

《你一定要知道的美国钱规则》是本系列丛书的第一本，以“到美国以后怎么花钱”为主题，包括怎么从中国汇款，到美国后怎么用银联卡取现，怎么打电话、租车、购物、租房、看病、付账单，等等，回答介绍了美国的各种商店，房屋种类，银行与信用卡，及在美国购买保险、获取信贷、保持信用记录等方面的问题。

对于希望长期在美国居住，并全面融入美国生活的移民及其子女，还可以参考两位作者在美国出版的十几本关于综合财智提高和亲子财商教育的英文专著，这些书在美国各大书店和线上书店都可以买到，也可以在 www.fifpac.com 进一步了解和查询。

序 言

中国人赴美旅游在近些年来有了井喷式的发展。仅 2015 年赴美旅游的总人数就达到近 260 万人次，比 2014 年增加了 21%，而与仅仅 8 年前，也就是 2007 年的不到 40 万人次相比，更是足足增加了五倍半之多。仅仅是 2015 年留学的人数，就比 8 年前的赴美总人数还要多出近三分之一，达到 52 万人。由此可见，中国人赴美的热情与能力，都在加速增长。与此同时，根据美国商务部国家旅游办公室公布的数据，2015 年到美国的游客人数是 7750 万，而中国游客的 260 万只占不到 4%。相对于中国人口占世界人口五分之一的比例，我们可以预测这个数量有潜力再翻几番。

近年来，越来越多的人开始选择自由行，自己或者请旅游公司买好机票，上网查个攻略，就准备开始旅行了。但是这些攻略大部分都是由旅游者根据自己在美国的经验写出来的，很多时候流于表面，还有很多时候跟美国人通常的做法和习惯也并不一致。对于想深入了解美国，踏遍美国各个角落的人，不仅经常不够用，有时还可能造成误导，给本应愉快的旅行带来小小的阴影。我们美国旅游推广局为此也是希望找到更多的方法增加中国人对美国方方面面的了解，为中国游客赴美提供更多的方便。

当这套《赴美生活指南》的书稿摆到我的案头的时候，我不禁眼前一亮。这不就是能够向中国的普通人全面介绍美国日常生活的一套好书吗？这套书包括在美国如何消费，如何帮孩子找到并适应学校，如何在美国投资买房，如何在美国找工作和开办公司等内容。两位作者根据他们在美国生活多年的经验和经历，以当地人的视角为中国人了解美国打开一扇巨大的窗户。

作为这套丛书里面的第一本，《你一定要知道的美国钱规则》可以也应是所有赴美人员的手边书。据统计，中国游客在美国平均每人花费近 7 万元人民币，仅在 2014 年就消费了 1521 亿元人民币。如今中国出境游客的支出甚至已经超过很多国家比如泰国和土耳其等国的国民生产总值。但如果采访一下回国的游客，估计很多人都曾经遇到这样或那样的尴尬和问题，比如有人可能会发现自己的信用卡被拒收，或者有人付小费不够被强行索要或被恶语相向。另外一个普遍现象，就是很多人回想起来会突然发现所去的商店竟然都是中国游客，买买买之后却还不知道美国本地人到底在哪里买东西。今后大家要是去美国之前先翻翻这本书，估计这些困难就都不是问题了。

在十一长假期间，我花了一天时间仔细阅读了这本书，发现它抓住了当前国人赴美的痛点，对想去或要去美国，但又不太了解美国的具体情况的大众人群，写出了相当翔实精准的内容。此书甚至可以作为普通人尤其是学生学习英语时，了解美国社会背景知识的参考书。与很多通过道听途说，从网络上或报纸杂志上东拼西凑抄袭而来的书相比，这本书提供了更多的一手内容。当然，这跟两位作者的经历与专业和学术背景密不可分。

我对这本书的作者之一张洪博士比较了解，他从清华大学毕业后于 1995 年赴美深造，就读于名列常春藤名校之一的宾夕法尼亚大学并获得工程博士学位，之后又在美国的高校任教。用现在的话说，他是一个典型的工科男，多年的科研训练与研究，让他养成了严谨的习惯。撰写此书时，他和合作者俞心怡女士除了总结自己的第一手经验，也从多方面查阅了大量资料，以确保知识的通用性与普适性。

张洪博士赴美二十余年，在美国的东西两岸都生活过，足迹遍及美国的大部分州，对从缅因到佛罗里达，从纽约、华盛顿到芝加哥、旧金山，从车水马龙的大都市到人迹罕见的美国国家公园都十分熟悉。他除了在大学里教书以外，还有丰富的生活经验。他在大学里担任过教师议会的议员，在当地华人社区担任过华人协会理事和中文学校校委会主席，创办过公司，还曾带领美国学生团队到非洲落后地区进行扶贫。张博士现在还担任美国财商学院的院长，旨在促进提高美国青少年的财务知识。像他这样对美国社会各方面都有深入的了解和参与，同时又愿意静下心来以系统的文字形式与大家分享的人，可以说是凤毛麟角。

据张博士介绍，另一位作者俞心怡女士也是一位在美国学习、生活、工作了大半辈子且热心公益乐于助人的美籍华人。从美国的东海岸到西海岸，从北部的北达科他州到南部得克萨斯州，都有她生活、旅游和工作的身影。

最后，我还想提一下这套书的表现形式。这套书采用了问答的形式，对于即将赴美的人来说，这种问答形式可以把看起来非常琐碎的内容串在一起。出国之前，或上飞机之前，拿上一本，从头到尾翻看自己感兴趣的内容，休闲解闷又长知识。里面的很多东西，也可以是茶余饭后，朋友聊天的好话题。到了美国之后，把它塞在随身的行李里面，一旦有了疑问，就可以径直翻开寻找答案，非常适合旅游者阅读。

总之，我们希望这套系列丛书能够帮助大家解决赴美之前和之中可能遇到的各种问题。我们也希望大家不管是留学、旅游还是工作、投资，都能够感受美国，享受旅程。

美国这么大，一定要来看看。美国这么不同，一定要拿上这本指南。

美国从“心”发现！

Brand USA 美国旅游推广局中国区总监

目 录

第一章　美国的钱

第二章　购买商品

第四章 储蓄与支付

第五章 获取信贷

第六章　财务管理

第一章

美国的钱

美元的硬币是什么样的

在美国通常使用的硬币面值有1美分、5美分、10美分、25美分、50美分、1美元。

1美分

英文名penny或者cent，百分之一的意思。正面是打赢美国南北内战、解放了黑奴的第十六任总统（1861—1865）亚伯拉罕·林肯的头像，背面是林肯纪念堂或者是一些关于他的纪念图案。颜色是黄铜色。

5美分

英文名nickel，镍币的意思。它得名于早年制造它的主要金属材料——镍。正面是开国元勋、美国《独立宣言》的主要起草者，

第三任总统（1801—1809）托马斯·杰弗逊的头像（早年的是侧面像，新版的是正面像），背面是他的故居蒙蒂塞洛（Monticello）或其他的一些纪念图案。颜色是银白色。据说2013年时一个5美分的硬币造价9美分。

10美分

英文名dime，十分之一的意思。硬币正面是做了四任总统（1933—1945）的富兰克林·罗斯福。罗斯福在美国连任四届总统，他在前两届任上把美国从20世纪30年代的大萧条中拯救出来，在后两届任上又带领美国在第二次世界大战成为战胜国。硬币背面是橄榄枝、火炬和橡树枝组成的图案。10美分是美元硬币里直径最小，同时也是最薄的硬币。

25美分

英文名quarter，四分之一的意思。与大多数国家不同，美国选择用四分之一美元（25美分）而不是五分之一美元（20美分）。据说是美国刚刚独立的时候，国内到处还通行着西班牙的银元。当时习惯把银元像切披萨饼一样切开获得更小的面值。由于切成一半、四分之一或八分之一比较容易，所以四分之一就在美国流传下来成为定式。

25美分的正面是美国国父、开国总统乔治·华盛顿的头像。

背面传统上是一只踩在橄榄枝上的美国国鸟白头鹰的形象。从 1999 年到 2008 年，美国政府又发行了一系列纪念 50 个州的 25 美分硬币，把背面改成各个州的典型形象。从 2010 年起到 2021 年，又发行了一系列背面是“美丽美国”图案的 25 美分硬币。所以，我们看到的 25 美分硬币种类可能是最多的，有很多人想方设法收集全套的系列硬币。需要说明的是，这些硬币都是正常可以流通的硬币，而不是特殊的纪念币。不管图案什么样，所有的 25 美分硬币的颜色都是银白色。

25 美分硬币是美国流通最广的硬币，上个世纪在移动或电子支付普及之前，很多地方的投币设施（比如公用电话、自助洗衣房、自动贩卖机等）都只收 25 美分硬币。还有很多的游戏币也是仿照 25 美分硬币来制作的。

50 美分

英文名 half dollar，半美元的意思。50 美分硬币的正面是美国的第 35 任（1961—1963）总统约翰·肯尼迪的头像。背面是美国总统的印章图案。50 美分是美元硬币里个头最大的，但基本上很少在市场上流通。即使你去银行也不一定总能换到 50 美分的硬币。有些旅游景点甚至会加价卖给你。50 美分硬币的颜色也是银白色。

1美元

英文名 dollar。1美元硬币不如1美元纸币那么常见，但也有不少。它有两种颜色，一种是银色的，另一种是金色的，日常流通里两种都能见到。银色1美元的正面一般是苏珊·安东尼——一个著名的美国妇女活动家的头像。背面是一只作势待飞的白头鹰图案。金色1美元的正面是莎卡嘉薇亚（Sacagawea）——一名印第安妇女的头像。她在美国建国时帮助美国探险家刘易斯和克拉克打通了去太平洋的道路。对美国来说，刘易斯和克拉克的功绩相当于中国西汉时的张骞通西域。金色1美元的背面是一只翱翔的白头鹰图案。

为了让大家容易区分，很多国家特意把硬币的大小跟它的面值联系起来，越大的硬币越值钱。但在美国，事情却不是这样。美元硬币里个大的不一定更值钱。比如10美分(dime)就比5美分(nickel)的硬币要小，而最大尺寸的硬币是50美分硬币，比1美元的要大很多。

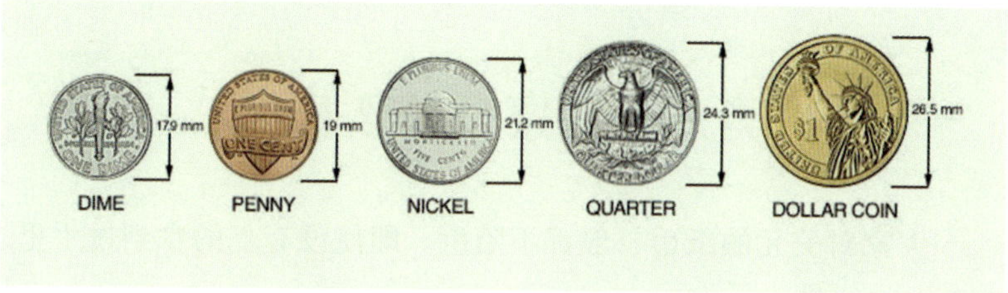

另外，美国与中国一个非常不同的地方就是 25 美分（quarter，原意为四分之一）的广泛使用。传统上，英制单位里经常使用广义的二进制。也就是说，在定义了一个完整的单位之后，下一个单位不是十分之一，而是一半，或一半的一半。比如，1 美元是 4 个 25 美分（1 dollar = 4 quarters），1 加仑水是 4 夸脱或 8 品脱（1 gallon = 4 quart = 8pint），1 磅是 16 盎司（1 pound = 16 ounce）。

25 美分的硬币可以说是流通最广泛的硬币了。在过去信用卡和电子货币的使用还不是最广泛的时候，谁都要随身或随车带一些 25 美分的硬币。周末去洗衣房洗衣服，开车在路边停车，在学校的自动售卖机里买饮料零食，都需要用 25 美分的硬币。很多人往往到银行直接兑换 10 美元，也就是 40 个一筒的 25 美分硬币（假如你到银行里换取硬币，通常会拿到一个个纸筒，叫做 coin wrappers。分别是 40 个 25 美分硬币、50 个 10 美分硬币、40 个 5 分硬币、50 个 1 美分硬币），存在汽车的杂物箱里随时备用。现在很多大中城市都可以接受信用卡了，但在一些偏远的小镇，基础设施的改进没有那么迅速，随身准备一些 25 美分的硬币以备不时之需还是很有必要的。

美元的钞票是什么样的

大家对美元的纸币一般都不陌生。即使没有真的拿到过手里，也经常在影视剧里或各种图片里见过。美国常用的纸币有：

1 美元

1 美元的正反面

正面是开国总统乔治·华盛顿的头像，背面是大大的一个“ONE”。1 美元可以算是大家用得最多的美钞品种了。在流通领域里，面值最高的硬币是 1 美元，面值最小的纸币也是 1 美元。1 美元的纸币和 1 美元的硬币一样值钱。

值得一提的是，当代意义上的美元纸币直到美国南北内战时期才正式发行。美国独立建国后曾经发行过大陆币，但由于通货膨胀

1862 年发行的第一版 1 美元纸币

很快就成为废纸。大家改用西班牙银元（当时在中国也有很大流通量）或金银币。直到内战时期，美国政府才又借债券的形式重新开始发行纸币。顺便说一下，中国教科书一般以 1840 年鸦片战争为分水岭区分古代史和近现代史，而美国是以 1860 年南北内战对历史阶段作区分的。

2 美元

2 美元的正面是第三任总统托马斯·杰弗逊的头像，背面是当年签署《独立宣言》的场景图案。在市面上我们一般看不到 2 美元

的纸币流通。因为 2 美元的纸币比其他纸币印得少很多，所以一有 2 美元出现，大家就会把它收藏起来。从 1966 年到 1976 年，2 美元甚至停止发行了一段时间。近些年，随着华人在美国地位的上升，美国印钞局每年春节的时候都会发行一些新的 2 美元钞票，镶在有生肖图案的边里或红包里，跟大家一起庆祝中国新年。

5 美元

正面是亚伯拉罕 · 林肯的头像，背面是林肯纪念堂图案，跟 1 美分的设计相似。

10 美元

10 美元的正面是美国第一任财政部长亚历山大·哈密尔顿的头像，背面是美国财政部大楼的图案。美元纸币的正面以总统的头像居多，而哈密尔顿是美元纸币上头像中仅有的两个没当过总统的人之一（另一个是美国的开国元勋本杰明·富兰克林）。

20 美元

20 美元的正面是美国第七任总统安德鲁·杰克逊的头像，背面是白宫图案。杰克逊可能在中国不太出名，他在 1812 年的战争中率领当时尚且弱小的美军在新奥尔良战役中战胜了当时强大的英军，后来又一手创建了民主党。但对于发行美元的美联储来说，他最大的功绩就是否决并终止了美国中央银行的设立，为以后美联储的出现铺平了道路。

50 美元

50 美元的正面是美国第十八任总统尤利西斯·格兰特的头像，背面是国会山图案。熟悉美国历史的人都知道，格兰特总统是美国

南北内战中率领北军获得胜利的将军，而50美元纸币也是在南北战争时开始发行的。由于在当时数额巨大，1861年第一次发行的时候是当国债来卖，每天利息1美分。到了1862年才正式作为纸币流通。

100美元

100美元的正面是美国的开国元勋本杰明·富兰克林的头像。他虽没当过总统，但也是美国国父之一，被称为“第一个美国人”。笔者在美国就读的学校宾夕法尼亚大学也是富兰克林一手创办的。为了纪念他，校园里设了一座富兰克林坐在长凳上审阅美国《独立宣言》的铜像。如果你有空去宾大参观，一定要去这个长凳上坐坐，跟富兰克林合个影，对个话，一起“探讨”一下财富的真谛。

100美元的背面是费城独立厅的图案。1776年，美国13个州在这里宣布独立并通过了《独立宣言》，1787年又在这里起草通过了美国宪法。

过去不管面值多大，美元都是同样颜色、同样大小，绿油油的一沓。为此，美元的易用性和安全性也是常常被人诟病。从本世纪初开始，5 美元以上的纸币都变成彩色的了，同时还增加了很多安全防伪标志。当然基本色调还是绿色。

随着美国民权运动的高涨，这些年来把妇女和有色人种的头像放到钞票上的呼声也是越来越高。美国财政部在 2016 年 4 月的一项声明说，将会用 4 年的时间重新设计美元钞票，计划把美国南北战争时期一个黑人女革命家 Harriet Tubman 的头像放在 20 美元钞票的正面，而把现有的安德鲁 · 杰克逊的头像挪到背面。同时也将在 5 美元和 10 美元的钞票上添加一些女性名人的肖像图。

美元钞票的最大面额是多少

历史上美元最大的钞票面额是 10 万（$100,000），但是你肯定拿不到它。首先，它只是在 1934 年的 12 月到 1935 年的 1 月之间发行过；其次，它只是在政府部门之间使用，没有对外公开发行过。对于普通人来说，拥有它是违法的。如果有一个人跟你说他有一张 10 万美元的钞票，那肯定假的。但如果有一个人收藏了 500 美元、1000 美元、5000 美元，甚至 1 万美元的钞票，他可能并没有开玩笑。谁要是向你兜售这些大额钞票的话，那肯定是骗你的。就像早年版本的人民币一样，这些钞票早就不流通了，而成了收藏家的宝贝。当然你要是在拍卖会上买的话，有可能买到真品，但价格肯定大大超过它的面值本身。

美国的钱是在哪里造的

在美国，由印钞局（BEP）来印纸币，由美国铸币厂（US Mint）来造硬币。印钞局和美国铸币厂都隶属于美国财政部。

印钞局每天要印大概 2000 万张纸币，加起来的总面值超过 5 亿美元。他们的工作就是印钱。他们的网站(moneyfactory.gov)显示，在 2012 年他们印了如下纸币：

1 美元：20.224 亿张；

2 美元：1.344 亿张；

5 美元：7.296 亿张；

10 美元：6.528 亿张；

20 美元：15.68 亿张；

50 美元：2.464 亿张；

100 美元：30.272 亿张。

美国铸币厂的网站（usmint.gov）显示，他们在 2014 年铸造的硬币有：

1 分钱：81.016 亿个；

5 分钱：12.06 亿个；

10 分钱：23.02 亿个；

25 分钱：15.8 亿个；

50 分钱：0.046 亿个；

1 美元：0.44 亿个。

看出来了吧，50 美分的硬币做得最少。你要是看到的话，不妨赶紧收藏一个吧。

还有，美国印钞局和铸币厂都对外开放参观。印钞局在华盛顿和德克萨斯都有工厂。美国铸币厂则在宾州的费城、科罗拉多的丹佛、加州的旧金山、纽约的西点和肯塔基的诺克斯堡都有工厂。华盛顿的印钞局离华盛顿纪念碑不远，而费城的铸币厂在独立厅和自由钟附近。你要是有机会游览美国东部，不妨抽时间去逛逛这两个地方，亲眼看看美元是怎么造的。另外的造币厂，除了丹佛之外，都不对外开放。

怎么进行货币兑换

中国的官方货币是人民币，美国的官方货币是美元。你要是拿着人民币到美国去，除了极个别的地方，估计你是一分钱也花不出去。所以，去美国之前的一项重要任务就是兑换足够的美元。

本外币兑换统一服务标识

在中国兑换美元最常用的办法就是到银行去兑换了。各大银行的支行营业厅一般都有外币兑换服务。一般他们会在银行外面放有类似“外币代兑机构”的牌子或标识。如果没有的话，可能你就要换一个营业厅或银行了。

图中是由中国国家外汇管理局制作的中国境内个人本外币兑换统一服务标识，见到这个标识，你就知道可以兑换美元了。

在大中城市，比如北上广深，如果你只需要几十或几百美元的话，大多数情况下你都可以去找任何一家银行支行兑换。但如果你在二、三线城市或县乡城镇，你就要事先跟银行预约，告诉他们你想要兑换的额度。这样他们好从总部调来相应的头寸，到了跟你约定的日子才能有美元给你。毕竟在中国用美元的人不多，各个营业厅没必要存着那么多的美元现金，否则既占用资金又增加危险。

就像办理任何跟银行有关的事情，兑换之前你要先准备好身份证、户口簿或其他相关有效证件。当然，要是你从你自己的银行账户里取钱的话，还要拿上银行卡。根据现有的《个人外汇管理办法》，每个人一年最多只能兑换 5 万美元。要想多换，就要有特别的原因，还需办一些特别的手续。这种情况下，最好到银行柜台实地咨询当时的政策。

另外一种兑换美元的办法就是网上兑换，既省却了去银行排队等待的时间，又避免了在路上身揣巨额美元现金可能带来的危险。下面的两个截屏是中国工商银行的网银界面。其他各个银行网银的兑换界面虽不完全一样，却也是大同小异。需要注意的是，由于中国人民银行只在白天营业，也就是说外汇牌价只在白天有效，因此即使你使用网银，外币兑换也不是 24 小时的。大多数银行要求你在早 8 点到晚 8 点之间操作。其他时间这个功能是关闭的。

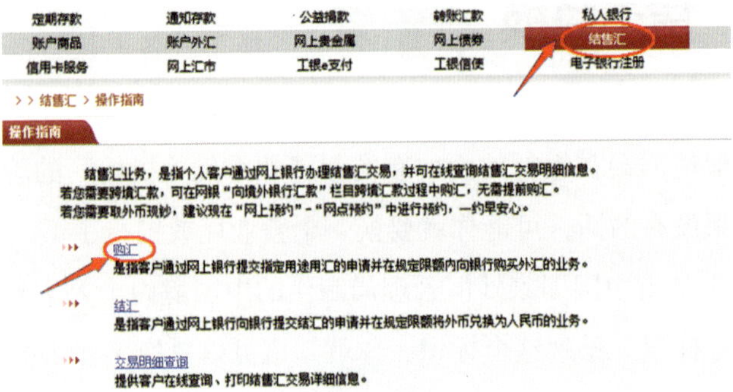

网银购汇入口

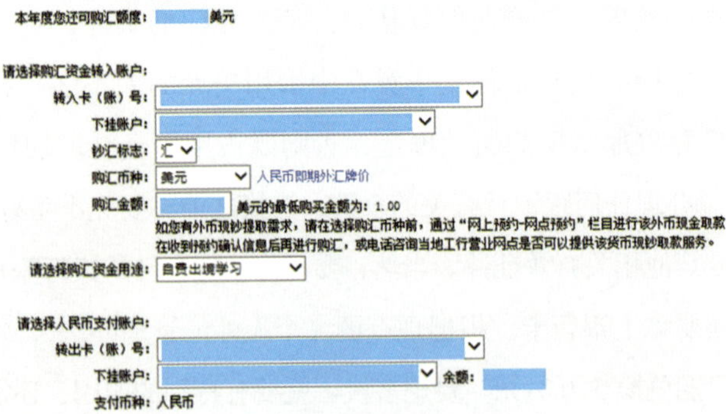

网银购汇界面

要是你身在美国的机场或世界性的旅游景点而急需一些美元现金，你可以找当地的货币兑换处兑换。美国机场常见货币兑换处有 International Currency Exchange、American Express Foreign Exchange 和 Travelex。当然，如果你看不到这些公司，只要看到类似的地方，写着 Currency Exchange 或 Foreign Exchange 等，或有一些汇率显示屏的话，也可以去兑换。当然，这些地方的汇率跟银行比肯定不会太好，有时还要付高额的手续费。

两个国外连锁货币兑换公司的标识

有些人会找黄牛或地下钱庄进行外汇兑换，以前也有人在淘宝上兑换，有时黄牛或淘宝的汇率可能会好一些，有时地下钱庄能够躲避监管。但这往往会伴随着一些不可知的风险，而且有违法的可能性。我们不建议这么做。

还有一种比较实用的办法就是使用信用卡。现在国内的信用卡一般都跟国际上的发卡机构有合作。在国内使用时，通过银联付款。而在国外使用时，在有银联标识的读卡机上走银联通道，没有的话走维萨、万事达或美国运通的通道进行付款。在美国付款时使用美元，银行会根据当天的外汇牌价自动用人民币帮你购买等量的美元。等你到月底还款的时候，只要还人民币就可以了，而且这不占用你每年 5 万美元的外汇额度。当然，这样做的代价是要产生相应的手续费和货币转换费。你可以比较一下不同的银行，选择一家费用比较低的。

现钞和现汇有什么区别

在查看外汇牌价的时候，你往往会听到“现钞价”和“现汇价”这两个专业名词。现钞就是你能拿到手的外汇钞票，对于美元来说，当然就是绿油油的美元钞票了。如果你拿着美元到中国的银行开户，他们就会给你开一个现钞户头。如果你去银行兑换美元钞票，你拿到的也是现钞。如果你并不要钞票，只是把你银行账户上的人民币换成美元继续存在另一个账户里而不取出来，或者有国外的人把美元用支票或汇款寄给你，你开的就是现汇账户。这时候银行就会把他们的美元卖给你，你拿到的牌价就是现钞或现汇卖出价。

货币名称	现汇买入价	现钞买入价	现汇卖出价	现钞卖出价	中行折算价
美元	648.82	643.62	651.42	651.42	648.98

2016 年 4 月 23 日零点中国银行公布的人民币兑美元牌价

你如果从美国回到中国，想把手头的美元现金换成人民币，实际上是把它卖给银行。银行就会根据现钞买入价买下你手里的美元现金。但你要是手里拿的是一张支票，银行兑换的汇率就是现汇买入价。

为什么现汇买入价要高于现钞买入价呢？当银行买入现汇时，

可以直接将其存到外汇账户中，还可以马上划拨到国外银行账户中，一切都可以电子化进行，没有时间或物理上的损失。但要是买进外汇现钞，比如美元，银行需要清点无误，派专人转运到总行或指定的存放地点。这些现钞有些在银行窗口再卖给需要美元的人，有些在凑够一定数量之后再存到国外银行。伴随着这一切的就是时间和物理上的损失以及各种管理和流通的成本，因此银行需要把这些损失和成本分摊到卖出现钞的人身上。

外汇的卖出牌价也永远比买入牌价高。你可以把美元看成跟手机充值卡一样的商品或工具，你出国时需要使用这个工具，就去银行或外币兑换处购买，价格就是他们的卖出价。当你回国还有些剩余时，到银行去把这些剩下的美元退货，也就是再把它们兑换成人民币。这种情况下，银行肯定不会按原价再收回来，而是会收点手续费，这个手续费就是银行买入价跟卖出价之间的差价了。由于收回现钞比收回现汇麻烦许多，自然这个手续费就要多一些，也就是现钞买入价要低一些。

携带美元到美国需要注意什么

从中国带钱去美国，就像人的旅行一样，要经过中国海关和美国海关两道关口。从中国海关是带出中国，从美国海关是带入美国。

对于带出中国，根据 2003 年 9 月 1 日施行的《携带外币现钞出入境管理暂行办法》，中国居民携带 5000 美元以内现钞出境不需要申报，而携带 5 千美元以上、1 万美元以内的现钞则需要向银行申请“携带外汇出境许可证”（携带证），而“原则上不得携带超过等值 1 万美元外币现钞出境。如因特殊情况确需携带超过等值 1 万美元外币现钞出境，应当向存款或购汇银行所在地外汇局申领携带证”。

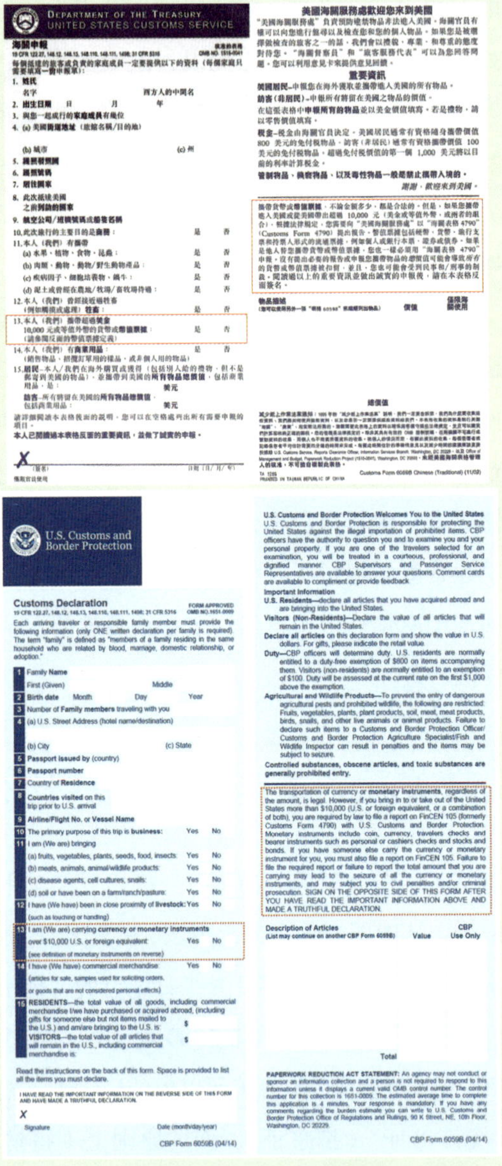

中英文对照美国海关申报表

所有从美国海关入境的家庭都需要填写以上两个表格。中英文两个表格的栏目是一一对应的。如果你拿到的只有英文的，你可以用上面这个中文表格作参考逐栏填写。注意：即使你拿到的表格是中文的，也需要用英文填写，因为海关入境的检查人员不懂中文。好在所有的栏目不是数字日期，就是让回答“是”或“否”，还有一些需要填写的信息在护照上就能找到。只有表格中栏目 4 的地址和城市名需要事先准备好。去多个地方的话，只要写一个就可以了。携带总计超过 1 万美元的现金和票据时需要在第十三栏申报。同时还需要填写下面的 105 表格。

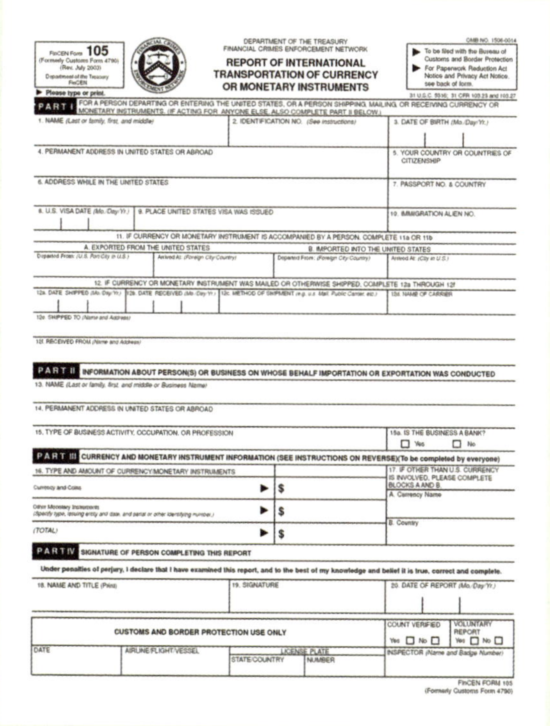
FinCEN Form 105
(Formerly Customs Form 4790)
(Rev. July 2003)
Department of the Treasury
FinCEN

DEPARTMENT OF THE TREASURY
FINANCIAL CRIMES ENFORCEMENT NETWORK

REPORT OF INTERNATIONAL TRANSPORTATION OF CURRENCY OR MONETARY INSTRUMENTS

OMB NO. 1506-0014

▶ To be filed with the Bureau of Customs and Border Protection
▶ For Paperwork Reduction Act Notice and Privacy Act Notice, see back of form.

▶ Please type or print.

31 U.S.C. 5316; 31 CFR 103.23 and 103.27

PART I FOR A PERSON DEPARTING OR ENTERING THE UNITED STATES, OR A PERSON SHIPPING, MAILING, OR RECEIVING CURRENCY OR MONETARY INSTRUMENTS. (IF ACTING FOR ANYONE ELSE, ALSO COMPLETE PART II BELOW.)

1. NAME (Last or family, first, and middle)
2. IDENTIFICATION NO. (See instructions)
3. DATE OF BIRTH (Mo./Day/Yr.)
4. PERMANENT ADDRESS IN UNITED STATES OR ABROAD
5. YOUR COUNTRY OR COUNTRIES OF CITIZENSHIP
6. ADDRESS WHILE IN THE UNITED STATES
7. PASSPORT NO. & COUNTRY
8. U.S. VISA DATE (Mo./Day/Yr.)
9. PLACE UNITED STATES VISA WAS ISSUED
10. IMMIGRATION ALIEN NO.

11. IF CURRENCY OR MONETARY INSTRUMENT IS ACCOMPANIED BY A PERSON, COMPLETE 11a OR 11b

A. EXPORTED FROM THE UNITED STATES — Departed From: (U.S. Port/City in U.S.) — Arrived At: (Foreign City/Country)
B. IMPORTED INTO THE UNITED STATES — Departed From: (Foreign City/Country) — Arrived At: (City in U.S.)

12. IF CURRENCY OR MONETARY INSTRUMENT WAS MAILED OR OTHERWISE SHIPPED, COMPLETE 12a THROUGH 12f

12a. DATE SHIPPED (Mo./Day/Yr.)
12b. DATE RECEIVED (Mo./Day/Yr.)
12c. METHOD OF SHIPMENT (e.g. u.s. Mail, Public Carrier, etc.)
12d. NAME OF CARRIER
12e. SHIPPED TO (Name and Address)
12f. RECEIVED FROM (Name and Address)

PART II INFORMATION ABOUT PERSON(S) OR BUSINESS ON WHOSE BEHALF IMPORTATION OR EXPORTATION WAS CONDUCTED

13. NAME (Last or family, first, and middle or Business Name)
14. PERMANENT ADDRESS IN UNITED STATES OR ABROAD
15. TYPE OF BUSINESS ACTIVITY, OCCUPATION, OR PROFESSION
15a. IS THE BUSINESS A BANK? ☐ Yes ☐ No

PART III CURRENCY AND MONETARY INSTRUMENT INFORMATION (SEE INSTRUCTIONS ON REVERSE)(To be completed by everyone)

16. TYPE AND AMOUNT OF CURRENCY/MONETARY INSTRUMENTS
Currency and Coins ▶ $
Other Monetary Instruments (Specify type, issuing entity and date, and serial or other identifying number.) ▶ $
(TOTAL) ▶ $

17. IF OTHER THAN U.S. CURRENCY IS INVOLVED, PLEASE COMPLETE BLOCKS A AND B.
A. Currency Name
B. Country

PART IV SIGNATURE OF PERSON COMPLETING THIS REPORT

Under penalties of perjury, I declare that I have examined this report, and to the best of my knowledge and belief it is true, correct and complete.

18. NAME AND TITLE (Print)
19. SIGNATURE
20. DATE OF REPORT (Mo./Day/Yr.)

CUSTOMS AND BORDER PROTECTION USE ONLY
COUNT VERIFIED Yes ☐ No ☐
VOLUNTARY REPORT Yes ☐ No ☐
DATE
AIRLINE/FLIGHT/VESSEL
LICENSE PLATE — STATE/COUNTRY — NUMBER
INSPECTOR (Name and Badge Number)

FinCEN FORM 105
(Formerly Customs Form 4790)

FinCEN Form 105 表格

对于把美元带入美国，估计很多人都听说过过海关时钱被没收的新闻和传言。实际上，美国海关条例对于带进美国或者带出美国的钱数是没有限制的。但是随身携带超过1万美元以上的美元现金或是票据，在入关时一定要申报，如果蓄意不申报被发现将全数没收。当然携带1万美元以下的美元现金和票据则不需要申报。申报本身并不会产生任何的税款，美国政府也不会管你带的钱到美国后怎么花，但是超过金额不申报则可能导致被没收、罚款甚至坐牢的后果。这里要注意的是,1万美元包括各种现金（比如美元、人民币、欧元等）和各种票据（比如旅行支票、汇票、签好字的支票，等等）。申报时需要填写一个叫做 FinCEN Form 105 的表格，交给美国海关与边防保卫局。你可以在飞机上向乘务员索取。另外需要注意的是，申报是以一个家庭为单位的。1万美元的门槛是针对整个家庭的。也就是说，只要一家所有人携带的加起来超过1万美元就要申报。

万一因为没有及时申报导致携带的资金被没收，根据美国法律的相关规定，可以在30天内进行说明或者上诉。如果能用文件来证明这笔资金的合法来源和合法用途，还是有很大可能被退还或者部分退还的。一般来说,海关会扣留全款的10%到20%作为保管费。当然这个过程需要一定的时间，准备文件也可能比较繁琐，花费的律师费用也不会少。你要是带很大一笔钱进入美国，除了入关时依法申报之外，最好也能携带证明这些钱是合法来源的文件，如出售房产文件、银行存款证明等，以防万一。

怎么电汇美元到美国

电汇，英文名叫 Wire Transfer, 是从中国直接转账汇款到美国。这种方式适合大额汇款,通常 24 小时内可以到账。汇款手续费(wire transfer fee ）一般在 15 到 30 美元之间。注意这里的手续费经常是两笔,一笔是汇出(out bounding)的银行收取的,另一笔是收到(in bounding ）的银行收取的。有时候，如果你是该银行的 VIP 客户或加入了他们的一些特殊计划，他们有可能把你的手续费免除(waved)。

在电汇之前，你需要在美国有个银行账户。具体开户的办法详见后面关于银行的章节。这里要说明的是，一般只要你有两个能证明你身份的证件，比如护照加上驾照或中国身份证，不需要是美国公民或持有美国绿卡，你就可以在美国的银行开户。

开好户之后，你就可以请中国的亲友汇款到这个账户。当然，你也可以直接在你的国内银行的网银上操作。你需要向美国的银行询问他们的地址和 SWIFT 号码。在向他们咨询时，你可以参考下面这些信息，当然你需要用英文书写。

Bank Name（银行名称）:

Bank Address（银行地址）:

SWIFT code（银行代码）:

Beneficiary Name（收款人的姓名）:

Beneficiary Address（收款人的地址）:

Bank Account No.（收款人的银行账号）:

当然，你要是想从美国向中国的亲友汇款，也要让中国的亲友把这些信息找全告诉你。

向境外转账汇款时需要把收款银行的名称和SWIFT码，以及收款人的姓名、地址和账号都搞清楚。

值得一提的是，由于美国的美洲银行（Bank of America，缩写BOA）曾经是中国建设银行的战略投资者，所以两个银行之间有一些优惠协定。如果你在中国建设银行和美洲银行都有户头的话，从建行的银行户头向美洲银行的银行户头电汇，单日2000美元以下、单月4000美元以下、单月汇款次数三次以下不收手续费。这项优惠不知能持续多久，汇款之前最好向银行咨询一下。

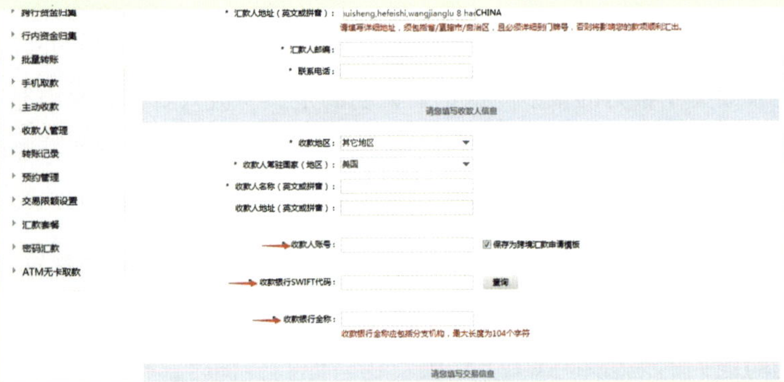

向境外转账汇款的网银操作

一个典型的美国人的钱包里有什么

普通美国人的钱包里一般不会放太多的现金，通常有几十美元就够了。因为一般发工资都是给支票或者直接打到银行账户里，因此大家能获取现金的方式主要就是从银行的ATM自动柜员机里获取。美国的ATM机基本上只提供面值20美元的钞票。所以大家的钱包里通常都是以 20 美元为主，再加上一些零钱。

现在很多走在时代前列的人已经开始不用现金了。比如中国的大城市里很多年轻人出门只带手机。走到哪里只要拿出手机，刷一下支付宝或微信支付就可以，相比之下，美国的移动支付比中国已经稍显落伍了。所以，钱包里还是要放上一些现金和信用卡。

值得一提的是，如果你身处美国的大城市，身上一定要放上二三十美元的现金，也就是在美华人俗称的“保命钱”。其中一个重要原因是美国有很多吸毒的人都聚居在城里。他们往往因为吸毒而倾家荡产，身无分文，而毒品贩子又是只能一手交钱一手交货。因此这些瘾君子在毒瘾发作的时候，会不顾一切地想搞来现金购买毒品。几十美元足够他们解决当前的需要，他们就会拿上钱走人而不伤害你。拿不到，可能会拿你出气。他们可能没钱，却可能有枪。当然现金你也不能带太多了，如果这些人发现你带的现金多，很可能就把你留下当人质了。

除了少量现金，大多数人须臾不离身的一般是一张信用卡和一张借记卡。有了借记卡，你就可以随时取现金。而有了信用卡，你就可以在大多数地方消费。有时候为了挣回扣或积分，有人可能会带好几张信用卡。比如一张美国运通的卡加油能换取 3% 的返现，一张大通的维萨卡买菜可以挣积分，而一张花旗的万事达卡在其他地方也能使用。逢年过节的时候，很多人还会特意揣上商店卡来获取打折优惠。比如梅西百货一般会给用他们商店卡购物的顾客 10% 到 25% 的折扣。

此外，通常美国人的钱包里还会放上一张驾照。由于美国没有统一的个人身份证，因此驾照通常起到身份证的作用。乘坐飞机、银行开户等都用得上。初到美国的人如果暂时拿不到驾照，也可以去车管局（DMV）申请一张跟驾照类似的有照片的身份证明（Photo ID）。

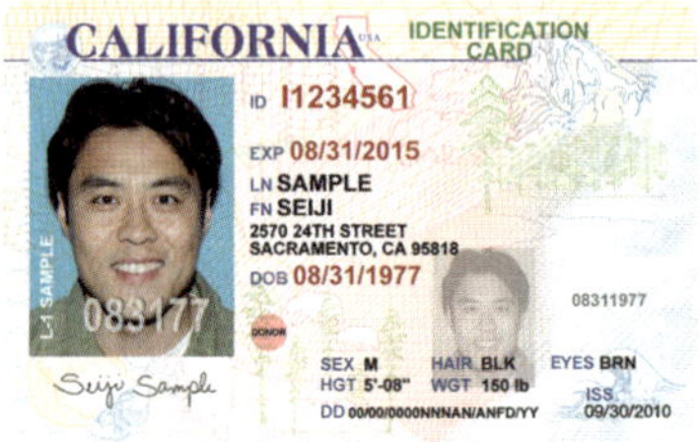

驾照和身份证

因此，如果你会开车，一定要考一张驾照，因为可以当身份证使用。大部分州的驾照在机场也可以作为身份证。但有些州的驾照不符合联邦要求（REAL ID），如果他们不改的话，到 2018 年 1 月就不能拿着他们州的驾照登机了。如果不会开车，各州的车管局也可以给你办一张身份证。除了不能开车以外，其他跟驾照作用相同。

另外，很多美国人也会在钱包里放上一张子女或全家福的照片。过去在手机普及之前，这是向同事或朋友介绍自己家庭、互相晒孩子的办法。现在虽然手机上有更多的照片，但很多人还是保留了这个习惯，以此作为自己热爱家庭的标志。

反洗钱法规有什么要求

根据美国的反洗钱法规，银行有权利和义务充分了解客户并为联邦监督客户。客户要开立一个存款账户或者申请一笔贷款的时候，银行应该验证客户的身份，个人客户应该出示身份证件，比如驾驶执照或者护照。企业则应提交税务识别号码，并告知银行经营业务的内容。

此外，银行还会了解客户资金的来源，比如是工资收入还是生意盈利。对于大部分资金往来，由于都有上家，比如开工资的公司或是付款的客户，这些都没有问题。但是对于大额的现金，银行就要检查或者报告给美国货币监理署（the Office of the Comptroller of the Currency，OCC）。根据要求，3 千美元 ~1 万美元之间的交易都要在银行保留案底至少五年以备联邦关于反洗钱的检查。超过 1 万美元的则必须当天就报告给经济犯罪执法网络（Financial Crimes Enforcement Network，FinCEN）。任何可疑的交易，都需要随时上报。

因此，在美国，很少见到人怀揣一大摞钞票去买东西。拿着一手提箱钞票的场景也只是在好莱坞的镜头里才常见。对于大多数中产阶级来说，各种花销都是通过信用卡、支票或者银行转账支付来实现，从 ATM 机里取出 20 美元现金，过了一个月还没有花光的情况也不罕见。

第二章
购买商品

美国有哪些商店

美国是个发达的商业化国家，经过多年的发展，已经形成了一套比较成熟稳定的商业体系。大家到了周末或过节的时候，都会去自己喜欢的商店买东西。由于商店超市数量众多，相对于人口的比例较大，因此除了过节的打折季，美国的商场里面往往显得冷冷清清，看不到顾客川流不息的场面。同时，美国的商店基本上都是连锁店，竞争相当激烈。除了在一些小镇上有立法保护，或者真有一些特色的，其他的非连锁的小店很难生存。

商店林立，各店之间竞争激烈，对消费者而言当然是好事，而美国商品的物价之低、质量之好，也让很多中国人趋之若鹜，把赴美旅游的一大部分时间和精力都放在了购物上。

总的来说，美国的商店分为几大类：百货商场、折扣商店、仓储式商店、专业商店、超级市场、便利店、药店、小店、自动售卖机。

在本章，我们会对它们一一进行介绍。这里我们先说一说到哪里能找到它们。一般来说，美国商店众多，布局合理，不论你居住在哪一个地方，都不会感到生活不便。当然，在人口稠密的大城市和人烟稀少的郊区还是不一样的。在纽约、洛杉矶等大城市的市区，基本跟中国的大城市类似，一般都是以街边的小商店为主，配合商业街的一些大型百货商店。比如在纽约的第五大道，你可以看到世界上众多名牌专卖店一家一家排列下去。只要身上的美元带得足够多，信用卡的额度足够高，尽可以买买买，而且很多还能帮你邮寄回家。

在郊区，商店门类也很齐全，大家可以根据自己的需要选择合适的地方去购物。

首先是购物中心，即是大家常说的 Shopping Mall。它通常坐落在一个专门的商业区，里面一般有几个大百货公司，外加一个步行商业街，既可购物又可吃喝。周围通常还会有一些独立经营的饭馆、电影院、溜冰场等场所。大家通常需要专门花上一段时间，开车去

商场

那里买东西。大型的折扣商店、仓储式商店、专门商店往往也在购物中心附近开设分店，但大多不直接开在购物中心里面。与大城市的商场不同，因为地皮便宜，购物中心往往只有一两层，顾客不用一层一层地爬楼，逛起来不会特别累。

其次是购物广场，英文名叫 Shopping Plaza。一般有一个比较大的商店（一般是超级市场）作为中心，再加上若干补充性质的小商店。这些购物广场一般坐落在居民区的中间或附近，方便大家下班后随时冲到商店里买个面包火腿或去洗衣店干洗两件衬衫。

便利店

最后在居民区的中间，还有很多零零散散的便利店、药店和加油站等。他们往往昼夜营业，或者至少开得很早关得很晚，以方便周围的居民。虽然大家基本还是开车去，但很多这类商店可以靠步行到达。

另外，在一些地段比较偏僻、地价比较低、但离大城市又不是太远、一般一个小时车程左右的地方，还有中国游客赴美采购必去

便利店

的名牌厂家直营店，也就是大家常说的Outlets（奥特莱斯）。这里往往能买到虽然略微过季或稍有瑕疵，但折扣很大的名牌衣帽鞋子等。有的厂家甚至专门为Outlets生产特别款式的产品。这对于预算紧张，或者想一站淘到各种世界名牌的人来说，不啻是个福音。

美国有哪些百货商店

百货商店以衣物鞋帽、箱包、厨具等日常用品为主，品牌从中档到高档比较齐全。比较著名的有面向中产阶级普罗大众的Boscov's、JC Penny、Saks Fifth Avenue，还有广告做得好像一年四季都在打折的Macy's（梅西百货）和面向更舍得花钱的消费者的Neiman Marcus、Lord and Taylor、Nordstrom、Bloomindales，等等。这些百货商场都是连锁商店，一般要么位于大中城市的繁华街道上，要么位于郊区购物中心的一角，作为大家进入购物中心的标志性建筑（Anchor Store）。当然，在纽约、洛杉矶这些超级大都市，也有一些非全国连锁的高档百货商店，比如 Bergdorf Goodman，但一般人都不大有机会去。

Macy's 梅西百货

Macy's 梅西百货	Neiman Marcus
Boscov's	Lord and Taylor
JCPenney	Bloomingdales

Kohl's	Nordstrom

美国主要百货商店的标识

这些百货商店一般都会占据大的购物中心（Shopping Mall）的一角，叫做 Anchor Store。但他们并不是在哪里都开分店。看到开了哪些百货商店，你就可以判断出这个地区的购买力如何。

美国有哪些折扣商店

折扣商店，也就是中国经常说的大卖场或量贩店。卖的东西更是包罗万象，吃穿玩用应有尽有，而且价格亲民，经常打折。其中最出名的自然就是零售业的世界老大沃尔玛（Walmart）了。

山姆·沃顿先生从一家专卖 5 美分和 10 美分商品的小店 Walton's 5 & 10 起家，用半个世纪的时间打造了一个世界性的巨无霸。由于沃尔玛对小店的侵蚀挤占作用实在太强了，有很多小镇不得不立法禁止沃尔玛在他们的周围开店，以此来保护传统的小店，保留小镇的风貌。沃尔玛的顾客群体主要是工薪阶层的家庭，其主要竞争对手是 Kmart（已经被 Sears 买下，但仍保留商标经营）。

Walmart
Save money. Live better.

世界上最大的零售企业沃尔玛

沃尔玛主打价格战，在中国也有很多分店。如果你家附近有一个沃尔玛而你又不在乎品牌的话，基本上其他的商店就不用再去了。吃穿用度，全都可以在里面解决。有些地方甚至有汽车保养中心和加油站，可谓真正的一站式服务。

除了沃尔玛，美国的小资们往往更喜欢去 Target，一个相对高档一点、购物环境的色彩更明亮一些的折扣商店。Target 商店里的色调以红色为主。经常装点一些红色圆点。东西比较注重设计和质量，是中产阶级休闲“剁手”的好去处。

一个号称比较有品位的零售企业 Target

在相对富庶的地区，比如东西两个海岸，折扣商店一般都是偏处一隅，或建在一个购物中心的边缘。而在购买力不是很高的地方，折扣商店有时也会替代百货商店成为购物中心的核心商店。顺便说一下，中国常见的家乐福超市是一家法国店，在美国是找不到的。

自从 2008 年经济危机以来，大部分的商店销售都增长乏力，而有一类特殊的折扣店却逆势扩张。这就是专为消费水平不高的人服务的 1 元店或 5 元店。这里大部分的商品都是 1 元、2 元，贵点的像手机充电宝也就是 5 元、10 元。跟美国大多数的商店一样，这里的大部分商品都来自中国，但一般都是杂牌货品，质量做工上会差一些，颇有些像中国的小商品市场。很多 1 元店的经营者是华侨。

比如，Five Below 的东西号称都是 5 元以下，Dollar Tree 和 Family Dollar 的价格都是 1 元。虽然有时有些商品例外，但基本上确实如此。一分钱一分货，就像你去中国的小商品市场图的是便宜一样，在这里解决的是有无的问题，就不要也不能在质量和品牌上讲究了。

物价极低的百货店

希尔斯曾经执美国零售业之牛耳。从 1886 年明尼苏达州一个火车站上卖手表的小店起家，希尔斯率先大规模地开展邮购业务，一本邮购目录能达到 500 页，在当时的号召力不亚于现在美国的亚马逊以及中国的京东或天猫。20 世纪初的时候，希尔斯成为美国最大的零售企业。1913 年在芝加哥还建造了希尔斯塔，保持世界最高建筑的头衔达 35 年之久。他们自有品牌的家电和工具迄今依然受到很多传统美国人的喜爱。可惜后来雄风不再，虽然采取了众多措施，还与 Kmart 合并试图弱弱联合，却回天乏力，现在连希尔斯塔也被卖掉了。

零售业曾经的辉煌——希尔斯

美国有哪些仓储式商店

仓储式商店主要面向家庭和小店主。店里基本就是大型货架，选择有限，但价格较低，每样需要买一大包。往往是买一次可以用很久，对于时间宝贵又有孩子的上班族来说是再合适不过的了。

这些年来仓储式商店发展迅速，其中最出名的就是 Costco 了。这里的商品相对比较高档。最出名的是他们几十年从不提价的 $4.99 烤鸡和 $1.50 大热狗。据说他们的烤鸡销量超过任何饭馆或快餐店。

COSTCO WHOLESALE

仓储式会员店的带头大哥

这些商店不能随便进去，而要交年费办理会员才行。普通会员（金星会员）年费 55 美元，高级会员（黑卡也即经理级会员）年费 110 美元。经常可以看到中国来的游客在美国的亲朋好友的带领下逛这些会员店，买一大堆保健药品准备带回国。与外面的药店或专卖店相比，即使不打折，这里的价格往往也能省下很多。据这些会员店的宣传，他们卖的商品几乎都是成本价，只是靠会员费赚取利润。

其他还有 Sam's Club（山姆会员店）和 BJ's。山姆会员店和沃尔玛是一家，只是专攻批发和仓储式销售。要知道他们的创始人叫山姆·沃顿。普通会员年费 45 美元，高级会员年费 100 美元。另外一家是 BJ's，档次介于 Costco 和山姆中间，每年的年费是 50 美元或 100 美元。

另外两家仓储式销售商店

美国有哪些专业商店

美国的商业非常发达，各种分工非常细致。大家买日常用品去折扣商店或百货商店，但要买非常专业的商品很多还是去专业商店。而某个行业的专业商店也往往被几个大型连锁店垄断。比如，要是做家装的话，大家都去 Home Depot（家得宝）和 Lowe's；要是想买电器又不想去专卖店或百货店的话，就去 Best Buy（百思买）或者 Fry's；要是想带着一杯清茶、一本书在书店里待一下午搞搞文艺情调的话，就可以去 Barnes & Noble；在公司里当文秘需要补充笔墨纸砚各种文具的话，就直奔 Staples 或者 Office Depot；你要是喜欢户外运动，则有 REI 和 Cabela's，里面从登山靴、冲锋衣到帐篷睡袋，再到弓箭、猎枪、钓鱼竿、皮划艇，应有尽有；而只是喜欢运动，想打打球跑跑步的话，则可以去 Dick's 和 Sport Authority。

自助家装的两个巨头

办公室文秘的最爱

原来的三巨头之二 Office Depot 和 OfficeMax 现在合并了，变成了双寡头连锁。

运动员的天堂

在这些运动器材店里可以买运动衣、各种球类，还有各种运动器材，比如运动自行车、滑雪板等。这些运动器材店竞争十分激烈，就在去年冬天笔者开始写这本书的时候，还去 Sports Authority 向店员咨询关于孩子们上滑雪课的事情。等到今年夏天准备交稿时，该店已经宣布倒闭。

美国人喜欢自己动手，因此自助家装商店非常红火。他们的营收多寡往往代表了当年房地产业的兴旺与否。这些家装店也各有特色，比如 Home Depot 以家庭主夫和合同工为主打对象，也就是说他们的顾客里一般男性居多。而 Lowe's 是以家庭主妇为销售群体，也就是面向装修时女性说了算的家庭。当然，对大多数人来说两家其实都差不多，大家实际是哪个离得近去哪个。

要是你喜欢追踪最新的电器，可以去 BestBuy 和 Fry's 这两家专营店看看，保证让你流连忘返。万一电器坏了也可以找他们来修。不过 Fry's 主要分布在西岸，尤其是以加州为主。在美国东部或中部的话就只有 Best Buy 可以逛了。

电器商店“二人转”

Barnes Noble 是大部分准备到美国读大学的人都会去的商店。尤其是在跟各个大学合作的店面里可以买到学校的教材和各种大学纪念品，比如带学校 logo 的帽子衣服等。传统上，每年开学之前，各个大学的老师都会通知大学书店他们开哪些课、使用哪种教材、有多少学生注册了。书店就会采购相应数量的教材提供给学生。在书店里（往往是二楼）会专门开辟出一个教材专柜，在一个个格子上不仅标出书名，有时还会有课程的名称和教授的名字。到了学期末，学校书店还会提供教材回购服务，根据品相回收教材，等下个学年再以二手书的价钱卖出去。

BARNES & NOBLE
BOOKSELLERS

书虫的新窝

美国有哪些超级市场

俗话说“民以食为天”，为了填饱肚子，大家还要知道在哪里能买到食品。虽然不管是像沃尔玛、Costco 一样的大商店，还是街头的便利店都能买到吃的填饱肚子，但要像模像样地过日子，还是需要去真正的超级市场才能买到品种更全的食品。

美国的超级市场据说是竞争最激烈，但同时利润也最薄的行业。在这里并没有全国性的垄断巨头，有的大多数是地区性的连锁企业。而且在这个行业里很容易就能看到一家商店迅速崛起扩张，另一家经营不善倒闭。当然，对于消费者来说，哪家的菜新鲜便宜种类又多，去着还方便，那自然就去哪家。

超级市场是大家使用优惠券或折扣券（Coupon）最多的地方。一般每周他们都会通过邮局往大家的邮箱里塞广告，里面告诉你下周什么商品打折。在周日的报纸里，也往往会塞上优惠券，消费者剪下来在付款（Check out）时可以抵消掉一部分金额。现在几乎所有的超级市场都让大家办理会员卡。刷一下会员卡可以自动把折扣算上而不用再费劲地去剪优惠券了。你要是忘了带会员卡，可以报上自己的电话号码来查。若是自己不是会员，有的地方也可以让店员刷店里的通用会员卡（Store card）。这对出门旅游的人来说还是很方便的。

下面给大家介绍几家美国比较典型的超级市场。

具有辉煌的历史，现在却逐渐归于平庸的 A&P（The Great Atlantic & Pacific Tea Compan，大西洋和太平洋茶叶公司），是美国超级市场的元老。它一手建立了现代超级市场的形式，20 世纪前四分之三的时间里曾经蝉联美国最大的食品店达 60 年之久，二战后很长时间内还曾经是美国最大的零售店和食品制造商。当它如日中天时，曾经像麦当劳一样是美国的象征。然而，经过一系列的管理不善和财务失败后，现在该店能否生存下去都成了问题。

超级市场的元老

现在人们更加注重健康，宁愿花多点钱去买有机食品。主打健康食品的 Whole Food 也随之迅速扩张。当然，他们的价钱也是相当贵族化。在身体变得苗条的同时，钱包也迅速减肥。另一家超市 Trader Joe's 也打着健康食品的旗号，拥有相当多的拥趸者。有不少人认为去这里买菜也是美国小资的一个标志。

健康食品的领头羊

不管身在海外一天还是十年，也不管你是否还有一颗中国心，大多数中国人都有一个难以忘怀的中国胃。天天面对牛排、披萨、三明治再也难以下咽的时候，能够迅速找到附近的华人或亚洲超市就成了一门必修课。一般来说，在华人比较稠密的州比如纽约、新泽西、加利福利亚等，或大城市如波士顿、费城、华盛顿、休斯顿、亚特兰大等，都会有比较大型的华人超市。比如，美东、香港超级市场、大华超级市场、金门超市，等等。大华超级市场在西海岸尤其是加州占据主要地位。在美东的连锁华人超市也有几家，竞争相当激烈。其中的香港超级市场的老板娘是早年的香港电影明星叶玉卿。不过你要是想在超市里找老板娘合影签字估计可能性并不大。

在美华人的最爱

在这些地方，不仅能买到各种各样的中国食品和调料，经常还能买到一些中餐盒饭、中药、中式生活用品、中式小家电，等等。而在其他地方，往往在驱车一个小时的范围内，也总能找到小型的华人食杂店，或者由东亚、东南亚移民开的亚洲食品店。虽然种类会少一些，但也总是聊胜于无。而现在在一些经济发达、华人移民较多的地区，在普通的超级市场里，往往也会有一排货架专门留给国际特色食品，有时会给异国的客人一些惊喜。

美国有哪些昼夜商店

美国的大商店一般上午9点到10点开门，晚上9点半左右关门。星期天为了准备下周的货架，一般都会提前到6点左右打烊。但是美国也有很多工作狂夜猫子，当他们下班了或觉得肚子饿了，这些大商店往往都关门了。除了叫外卖，他们能去哪里买东西呢？那就是遍布居民区的便利店、药店和加油站的小商店了。

美国的便利店也是以连锁店为主。其中的7-11遍布全国，在中国也有很多分店。但其他的就没那么分布广泛了，往往是区域性的连锁。在这里可以买报纸、早点咖啡三明治。有的比如Wawa，还是当地人中午买快餐的热门地点。另外，就像加油站经常会开设附属便利店一样，有些便利店现在也开始经营加油业务。

夜猫子的选择

7-11是全国连锁，但Casey's General Store主要分布在中西部，而Wawa主要见于大西洋沿岸的中部。

一个人要是生起病来，那可是不分白天晚上。所以药店营业也不能分白天晚上。大部分药店都是 24 小时营业，或者接近 24 小时营业。有鉴于此，几乎所有的药店除了卖药以外，还兼卖各种日常用品，尤其以日化用品、礼品卡片、零食小吃为多，让你在买药的时候既排遣了寂寞，又增加了消费。

大病小灾离不开的地方

Walgreens 和 CVS 是美国连锁店最多的两家药店。纽约街头随处可见的 Duane Reade 也是 Walgreens 旗下的一个品牌。Rite Aid 虽然排名第三，但规模却只有前面的一半。

就像蒙古族是个马背上的民族一样，美国是一个建立在车轮上的国家。自然加油站也是星罗密布。几乎每个加油站都会附属一个小便利店来多种经营，增加收入，也为居民和过客带来方便。有的加油站附近人口众多，商店林立，那它的便利店只会卖卖报纸、香烟、彩票。而有的加油站附近人烟稀少，那它反而会扩大经营，变得像一个小百货商店一样。

无言的便利

附属于加油站的小店大概是最默默无闻的商店了。大家去加油站加油，顺便买杯咖啡，买袋薯片，谁也不会注意这家小店往往还有自己的名字,它们大多也是连锁店。过去在美国中西部偏远的乡下，有很多小镇没有商店、饭馆，路边加油站的小店就可以算得上是购物中心了。在那里吃个热狗三明治就算得上是周末吃个大餐了。美国现在是个超级发达的国家，但谁家祖上没有吃糠咽菜的时候啊！

美国的小店在哪里

到了美国，一个印象就是到处都是大盒子商店（Big Box Stores）。不论是百货商场还是超级市场，都是一个硕大的水泥建筑，有门无窗。进去之后，不管外面刮风下雨还是阳光明媚，里面总是灯光明亮、干净整洁，于是大家就流连于一排排的货架之间，昏天黑地地采购。这种方式对于喜欢方便的人来说，走到哪里都能像在家乡一样。对于喜欢特色的人来说，却是千篇一律，不如小店一样有情调。

要是想逛小店呢，一般有两种：一种是连锁店，比如便利店或购物中心商业街里面的小店；而另外一种就是独立经营的小店。美国通常把它们叫妈妈爸爸商店（Mom and Pop Shops），对应的中文就是夫妻店了。它们有的在传统小镇连锁商店覆盖不到的地方卖些食品杂物，有的在发达地区找到一些连锁商店不及的特色领域，英文叫 Niche Market，比如老唱片、手工艺品、自行车、乐器，等等。

笔者在学习潜水的时候，就是在附近的一家小店采购各种潜水器材和灌充氧气。同时他们还提供理论学习，组织潜水活动，为潜水教练和潜水学员提供联系见面的地方。由于富有特色，他们在大型连锁店的夹缝里也能找到自己生存的空间。

在美国去哪里买食品

俗话说“民以食为天”，到了美国可千万不能因为找不到食品店而饿肚子。除了去各式各样的饭馆和快餐店大快朵颐之外，也可以买来食材自己做，不仅价格更便宜，而且口味更好，用料更健康。

在美国几乎各种商店都会卖食品和调料。一般来说，大家周末都会去前面介绍的那几类大店里采购回来塞满厨房的冰箱。传统上人们会去超级市场买菜，因为那里各种食品的种类比较丰富，选择面也会比较宽。但现在越来越多的人改为去沃尔玛、Target 这样的超级折扣商店，或 Costco 那样的仓储式商场买菜。主要原因是只去一家店就能把所有需要采购的东西都买全了。而这些一站式商店也是越建越大，蔬菜食品部门的规模与选择与普通超级市场相比也是不遑多让。

要是只想买一个面包或一袋薯片，去上述的商店采购也可以。但往往要浪费不少时间走来走去在一排排的货架之间寻找。许多人选择去较小的便利店来购买。要是处在办公楼或学校，更是可以直接找一个自动售卖机解决问题。

在中国有很多中老年人习惯去农贸市场买菜，因为那里的菜大多是本地产的，比较新鲜，而且没有太多的包装。同样的原因，在美国也有很多人专门去农贸市场采购菜蔬，同时也支持本地的农业。美国的农贸市场叫 Farmer's Market。跟中国大多数地区有一个专门的农贸大棚不同，美国的农贸市场往往是一个城市广场或者一个大型停车场。到了每周一个固定时间，比如周五下午或者周六，就把这个地方圈起来，附近的农民就会在那里搭起一个个摊子，开始卖他们的农产品。每个城市或者城镇一般都会有一个或多个类似的农贸市场。其中最出名的大概就是纽约城联合广场（Union Square）的农贸市场了，那里现在已经成为纽约城市的一景，变成观光客专程去参观的地方了。另外，如果你夏天的周五去美国首都华盛顿旅游，在十二街和独立大道交界的一个停车场上，还可以去逛逛美国农业部（USDA）主办的农贸市场。

摩天大楼缝隙里的纽约联合广场的农贸市场

无论是在纽约、波士顿、洛杉矶这样的大都市，还是在不为人知的小城镇，都有临时性的农贸市场，英文名 Farmer's Market。一般都是夏天在周末开放，适合周五上班族利用中午吃饭时间买些新鲜蔬菜水果回家，或者周六全家去一起采购。

为了促进大家购买本地农产品，美国政府对农贸市场采取鼓励态度。在首都华盛顿的美国农业部大楼外就有一个农贸市场。每年 6 月到 10 月的周五从上午 10 点开到下午 2 点。有时天气好还会增加夜市，为大家的生活增添一些乐趣。

华盛顿美国农业部外的农贸市场

如果你在美国进行自驾游，除了赶路时走高速公路之外，在风景优美的地方很有可能会走一些小型的公路。这时除了可以看到小镇景色和田园风光之外，还会经常看到一些本地农民在路边摆的摊点。当然这些摊点不是我们想象中的一个筐旁边坐个人，而是一个大型摊位或干脆一栋房屋。根据卖的东西不同，有蔬菜摊（Vegetable Stand）、水果摊（Fruit Stand）或农产摊（Produce Stand）。卖的多是本地产的农产品，比如在佛罗里达或加利福利亚卖柑橘，在爱荷华卖玉米，在爱达荷卖马铃薯，在新泽西卖桃子。当然西瓜番茄之类的更是四处皆有，只是品种不同。

一个专门卖蔬菜瓜果的农产摊（Produce Stand）

在路边的摊点上买土特农产品，往往是论盒或论筐来买。挑好想买的产品，连盒或小筐拿到柜台上，售货员（往往是农庄的女主人或亲戚，也有暑期打工的大学生和高中生）再给你装到塑料袋里。值得说的是，现在有些摊点会从其他地方批发外地的农产品来增加自己的内容。所以最好问一下哪些是本地的，免得买到大路货。

在美国去哪里买烟酒

有很多人初到美国会发现买不到酒。确实，一般的商店都不卖酒。美国商店要卖烟酒的话都要获得许可。联邦政府有一个专门的烟酒枪支爆炸物管理局（Bureau of Alcohol, Tobacco, Firearms and Explosives，简称 ATF）。ATF 有一支特警部队，经常荷枪实弹在新闻或者警匪片里出现。

虽然各个州的规定不尽相同，但一般来说要买酒就要去有酒牌的专卖店。有的州只能在专门的酒店（Liquor Store）卖，而有的州却可以和其他食品混在一起卖。大多数比较高档的餐馆都会有自己的酒窖，里面存着一些收藏的好酒，去那里吃饭的话可以从他们的酒单里选购。有些顾客喜欢自己带酒，一般的饭馆也不会介意。当

一个专门的酒类专卖店（Liquor Store）

然，事先问一下总不会出错。

由于中国人普遍长得年轻，而美国不允许向 21 岁以下的未成年人提供含酒精的饮品，所以基本上你都会被要求出示有照片的证件（Photo ID）表明你已经达到岁数了。另外要提醒的是，如果你买了一瓶酒想走在路上边走边喝的话，一定要用没标记的包装把瓶身遮盖住。很多州是禁止在外面直接暴露酒精饮品的。很多店小二会直接把酒瓶放在一个棕色纸袋里，千万别把它扔了。在外面喝的时候要用的。当然在家里或餐馆就无所谓了。还有，你要是买了酒精饮料用车拉回家，一定要放在后备厢里，或至少手够不到的地方。万一警察临检发现你的手头有酒瓶，那就说不清了。

俗话说，凡事都有例外。在美国买酒，有一种是不用查年龄的。那就是料酒了，英文名 Cooking Wine。在中国店里就是与酱油醋摆在一起的黄酒、料酒等。普通料酒都含 1.5% 左右的盐，从口感上压根儿就不适合直接饮用。因为不能喝，只能用来做菜，所以购买的话不用证明自己是否够年龄了。

美国的烟草制品的管理相对酒类稍微宽松一些，满 18 岁就可以了。而且几乎所有的药店、杂货店、百货店都有出售。毕竟吞云吐雾危害的是自己和家人的健康，喝多了耍酒疯却可能危害社会。但买烟也不是像买其他商品一样随便。烟草类商品一般都是被锁在营业员的柜台后面，顾客要买的话需要先出示自己的身份证明，比如驾照或护照，证明自己已满 18 岁了，然后再说自己需要什么牌子的香烟，要多少。

为了避免不必要的麻烦，很多店里都会准备一个专门的日历，上面标明今天的日子，和你要买烟酒所需要的最小的出生日期。比如今天是 2016 年 1 月 1 日，那么你需要是在 1998 年 1 月 1 日或之前出生的，即 18 岁以上才能购买烟草制品（香烟或电子香烟）。要是想购买酒精饮料，你就需要在 1995 年 1 月 1 日或之前出生，也就是 21 岁以上。

一个专门的烟酒年龄日历

在美国去哪儿吃饭

世界各地的服务业中最相似的大概就是餐饮业了。在美国要想填饱肚子的话，说起来跟中国差不多。

普通饭馆

美国是个移民国家，因此饭馆的风味自然也是来自全世界。既有来自美食大国的中餐、法餐、意大利餐，也有在中国不常见甚至很可能都找不到的希腊餐、印度餐、埃塞俄比亚餐，甚至阿富汗餐。吃饭的流程也是点餐、吃饭、付款，基本跟中国没什么不同。主要不同的是在中国的餐馆里，由于大家共同吃一桌菜，因此每个桌子往往只给一份菜谱，由领导、主客、东家或某个最会点菜的人来点。而美国吃西餐是每人一份各吃各的，所以每个人一份菜谱，每个人点一份菜。不仅西餐是这样，美国中餐馆里大家聚餐也是如此。

当然找饭馆的时候，别忘了找点评（笔者最常用的是一个叫Yelp的手机应用），看看大家对饭馆的评论怎么样。好的饭馆经常是人满为患，最好先打电话或上网预约，省得在门外苦等。有些高档餐馆可能还有要求顾客穿上正式服装，比如西装、晚礼服之类的。夏天旅游你要是只穿着短袖T恤也没关系，可以跟他们租或借一套西服穿上，至于是否合身就顾不上了。

另外，吃完饭结账时别忘了给小费，但也不用给双重小费。仔细看一下账单，如果是很多人，或者是比较精明的餐馆，就可能会自动加上15%~25%的服务费，有服务费之后就不用再给小费了。如果账单上只是饭钱和税，那你就要加上10%~25%的小费。服务好多给一些，不好也要给10%，因为很多服务员的基本工资非常低，基本要靠小费来获得收入。虽然很多人对此颇有怨言，但已经形成了习惯。现在有一些餐馆也在进行改革，在菜价里包括了服务员的工资，就不要小费了。这种情况他们都会明显地标出来。

还有美国的餐厅一般一桌都只有一个服务员，一开始是谁帮你点菜的，待会儿有什么事就找他，因为你的小费将来是付给他的。其他的服务员除非是领班或老板，听到你喊也只会去帮你催你的饭桌服务员。

快餐店

只要在中国去过快餐店的人到美国也不会感到陌生。无非就是排队、点餐、交钱，然后等着叫号把自己的那一份端走。在快餐店用餐不用给小费，但吃完以后要自己把桌上的东西清理一下扔到垃圾桶里。有的快餐店点餐采用无人售货方式，自己在触摸屏上一步一步地选择并付费。这就大大方便了不怎么会说英语的中国顾客，这时要求顾客使用信用卡或借记卡而不是现金来买单。

美食广场

食堂排挡

在大学里一般都有食堂，很多都是像自助餐那样，刷卡或交钱以后在里面随便吃。而在大型的购物中心和一些公司里面，也会有大排挡。大家买了吃的以后自己端到中间的餐桌上享用。

超市、便利店的快餐

就像在中国的超市往往也兼卖盒饭一样，美国的超市和便利店也出售事先做好的三明治、披萨饼、炸鸡块和其他外卖。就像买其他商品一样，自己到货架上取一份然后交钱结算。

流动的餐车和小贩

在城市的街头，大型文艺演出和体育比赛的时候，都会有一些流动的餐车和叫卖的小贩为大家提供服务。这些地方一般都是一手交钱一手交货，付款以现金为主。当然随着智能手机的普及，有些人也开始使用 Four Square 或 Apple Pay 之类的移动付款工具。但总的来说，因为他们往往处在技术革命的最外围，而且现金之外的收费都涉及监管和费用的问题，所以他们较少采用这些付款方式。

外卖和网购

对于广大宅男宅女来说,外卖是一生中最不可缺少的服务了。传统上，你手上收集几份附近餐馆的菜单和电话，饿了的话就给他们打个电话，告诉他们你想要什么，让他们几点送到你的家里、宿舍或公司。你可以在电话里把你的信用卡号码告诉饭馆，也可以等外卖送来的时候付现金。现在很多饭馆，尤其是连锁店，也都跟上了时代的潮流，在互联网上做生意。只要登录他们的网站，点击一下你想要的外卖，输入你的个人信息和付款信息，就可以等着外卖员带着披萨、鸡翅或其他你定的饭菜来敲门了。常去的饭馆还可以注册成为会员，这样每次买外卖的时候就能省下不少时间。

在美国如何网购外卖

对于习惯用手机应用网购外卖的时代达人，在美国肯定是不能再用“饿了吗”“百度外卖”之类的服务了。但不用着急，这里也有类似的应用，比如点评网站 Yelp 旗下的 Eat24 和网络外卖的大户 Grubhub，等等。至于好坏，还得你自己去试试。由于美国连锁店众多，很多店都可以网购。下面就以美国人民最喜闻乐见的披萨饼为例，介绍一下从一家叫琼斯老爹（Papa Johns）的连锁披萨店叫外卖的全部过程。

首先，登录该店的网站。如果不知道的话用谷歌（俗称放狗，因为英文 Google 后半截发音跟中文的“狗”相近）搜一下就行了。

接下来，你就可以选择是自取（Carry out）还是送货上门（Delivery）。如果自取，你可以在约定的时间去门店拿，好处是到时间就可以拿到，比较新鲜，而且省了外卖的费用。假如正好下班路过或需要去其他地方的话，可以一并完成。外卖送货上门的话，当然是省心省力，但可能因为外卖郎要跑好几家，到你这里已经不热乎了。当然，对于资深宅男宅女来说，这些都不是问题。

如果你选择自取，在空格内填入你所在地区的邮编（Zip or Postal Code）。以著名的宾大沃顿商学院为例，邮编是 19104。点击 Carryout 键，你就会进入一个找寻界面，告诉你附近的连锁店在哪里、距离多远、现在是否开门等信息供你进行选择。这里要说的是，这个套路对于寻找某家银行的支行和 ATM 机，或某家连锁商店的店面，都是一样的。

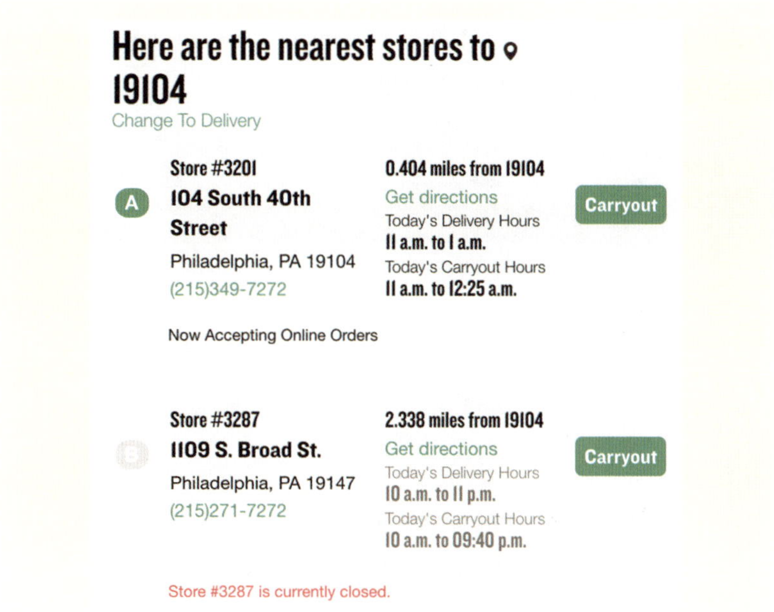

如果你是要外卖，那你就可以点击 Enter Your Delivery Address 输入你的送货地址。比如这里还是以沃顿商学院为例。当然，你最好能更详细一些列出门牌号码方便外卖小哥找你。后面他们还会问你电话号码，方便及时联系。

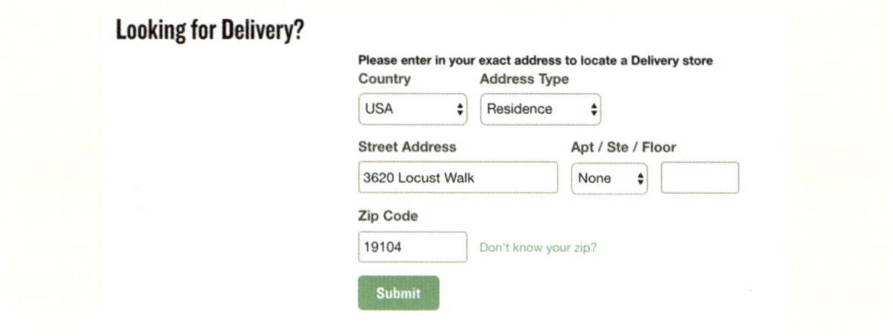

下一步，自然就是大家都熟悉的选菜。比如这里是选了大号原

味脆边腊肠披萨。要是有优惠券（Coupon）或优惠代码（Promotion Code）的话，可以在相应的栏目里输入。

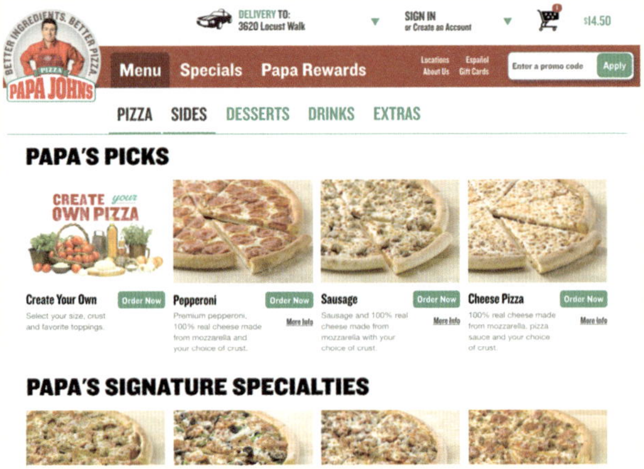

一切选好放入购物车之后，可以最后清点一下。点击购物车的符号之后，你可以看到自己选了什么，多少金额，外卖送货费用是多少，销售税多少，总价，等等。核对无误之后，就可以付款（Check Out）了。

付款的时候，需要首先告诉他们你是谁，电话号码或电子邮件的地址，这样好方便外卖郎找你。当然，商家不会忘了再次推荐让你注册成为会员的。是否加入，就看你是否常去了。

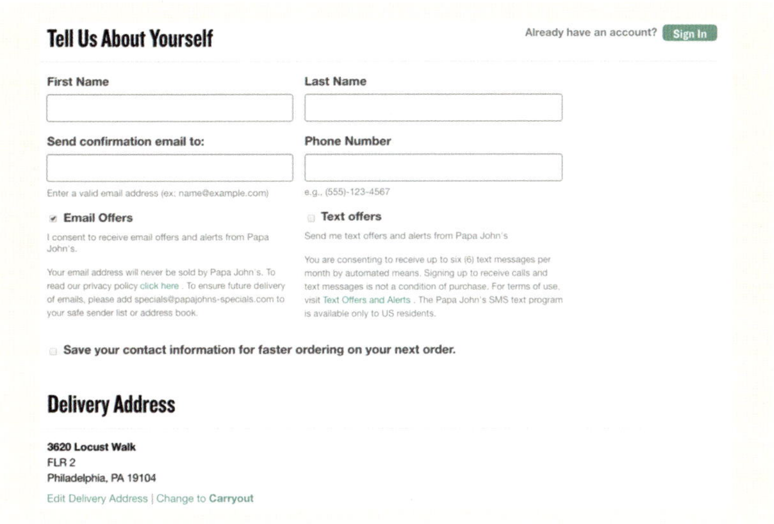

最后，自然就是付款了。你可以用信用卡（Credit Card）或借记卡（Debit Card），也可以用他们发行的礼券或者现金。当然，你

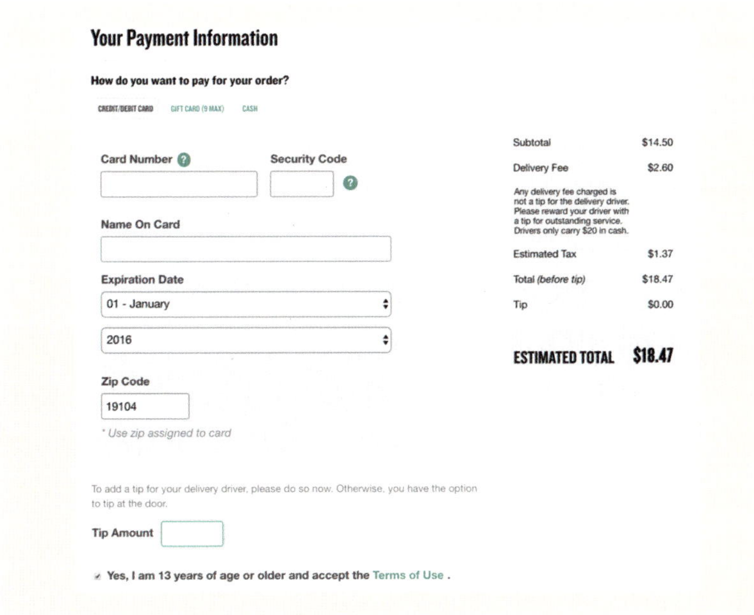

不能输入现金，还需要准备好钞票在外卖郎送上门的时候一手交钱一手交货。对了，在美国一定要记住给外卖小哥小费（Tip）。你可以在付钱的时候一并加到最后的账单里，也可以当面放到对方手里。至于给多少，我们会在后面的章节里给大家介绍。

输入各种信息之后，再点击 Review Your Order 最后检查一遍，如果都正确，信用卡也通过了，最后点击确认就可以坐等“天上掉馅饼”了。

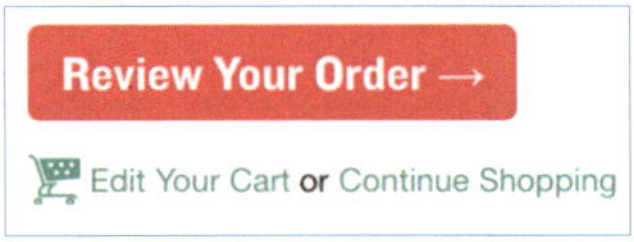

怎么使用自动售卖机

自动售卖机，或自动贩卖机，英文名 Vending Machine，是为数不多的不用懂英语就能获得商品的地方，而且 24 小时不打烊。在美国不论机场机关、学校公司，抑或街头巷尾，都能很方便地找到自动售卖机，买到饮料零食，滋润饥渴的游客行人。有些高级的贩卖机还能卖电话卡、耳机、电池等其他急需品。

在大多数老式的售卖机上，你需要准备足够的零钱，一般是 1 美元的纸币和 25 美分的硬币。有的会接受其他的面值，贩卖机上都会有相应的图样显示。确定自己想买什么之后，记住它相对应的号码标识。这个标识一般是一个字母和一个数字的组合。比如纵向是第三排 C，横向是第二列 2，标识上会写着 C2。然后把足够的零钱塞到相应的投钞口或投币孔内。在键盘上按下商品所对应的代码，你就会看到相应的商品被推出来掉到底下的取货口内。一般你要推开取货口的仓门伸手进去把它拿出来。

要是有找零的话，一般会从投币口的下方的找币口掉出来，掉进一个托盘里。有的还有一个小门挡住防止硬币弹出来。但往往有人会忘记拿走。很多小孩儿或流浪汉会到自动贩卖机的找币口碰运气，或许能捡到一些被遗忘的零钱。

新式的自动贩卖机往往都接受信用卡或其他形式的电子付款，这时候你就不需要零钱了。只要刷一下卡或者摇一摇手机,就可以付款了。

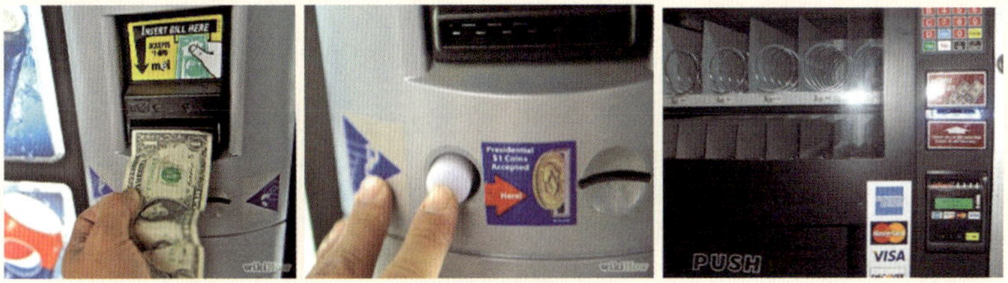

使用自动售卖机

自动售卖机都会告诉你接受什么样的付款方式。比如纸币、硬币或信用卡。通常使用的纸币不能太旧或皱巴巴的，最好把它先抚平再塞进去。取商品的时候经常需要推开一个底部的小门把手伸进去拿。小门上往往会画个箭头或写上 PUSH（推）。

在美国怎么进行网购

跟中国的剁手族一样，美国的年轻人也喜欢在网上购物。与京东类似的网上百货商店是著名的 Amazon.com（亚马逊），与淘宝相应的是 ebay.com（易贝或电子湾）。他们虽然在中国也有同样的业务，但比在美国的要小得多。同样，跟苏宁、国美一样，很多实体商店也在网上开设了虚拟商店 24 小时营业。较大的有 Walmart.

com,Bestbuy.com, Target.com 等。另外还有很多比较专业小众的网店有些依托亚马逊或易贝，但很多却是独立门户，靠谷歌搜索、竞价排名或口碑相传来争取客户。比如专卖电子产品的 Newegg.com，专卖电子元器件的 Sparkfun.com，专卖服装鞋帽的 6pm.com，还有专卖中式零食杂货的 Yamibuy.com。

下面以亚马逊为例，介绍美国网购的流程。

跟在中国网购一样，你需要到该网站上注册一个账户（Create account）。大多数网站只要有一个电子邮箱或一个手机号码就可以注册了。如果是回头客，只要登录（Sign in）就可以了。

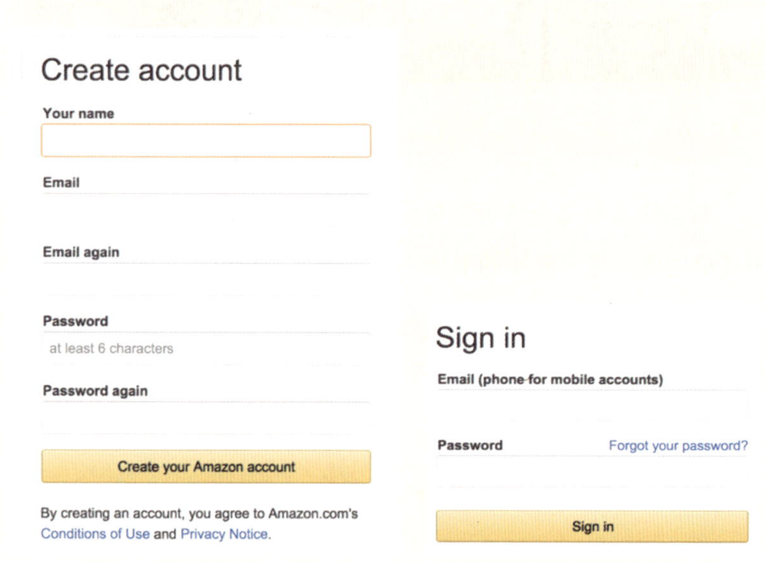

用浏览或搜寻的功能寻找想要购买的商品。比如搜寻本书的作者“Cindy Yu CPA”或者“Hong Zhang PhD”，就能找到作者在美国出版的另外几本书。点击进入后就可以看到详细介绍、用户点评、价钱与折扣等。

选好货物后放到在线购物车里“Add to Cart”。

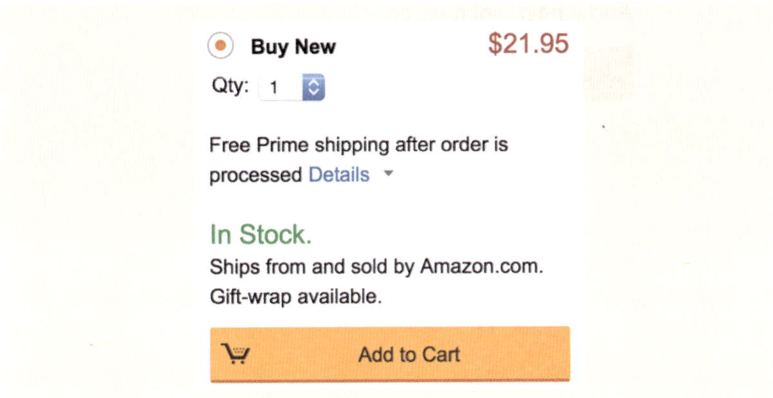

最后点击购物车，选择结账。比如在 Amazon.com 里，就是点击“Proceed to checkout”。

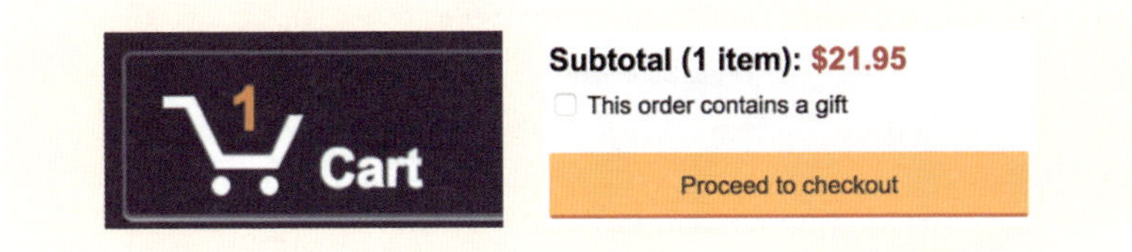

进入结账界面后，一般都会让你输入送货的地址和付款的办

法。可以是信用卡或是银行账户。对于很多中小网店，他们还接受Paypal，类似于中国的支付宝。美国的快递一般周末不工作，所以网站上的时间一般都是指工作日。选择第二天到货的话一般都是空运，运费一般都很贵。若时间不赶，选择地面运输（Ground shipping）能省不少钱。由于美国没有高铁，快递小哥也不加班加点，所以一般送货比中国来得慢，也来得贵。有些公司，比如 Amazon.com, 交一笔年费成为会员（Prime Member）之后可以在某些档次上对某些货物免运费，比如对从他们自己仓库发货的商品两天送货基本免运费。

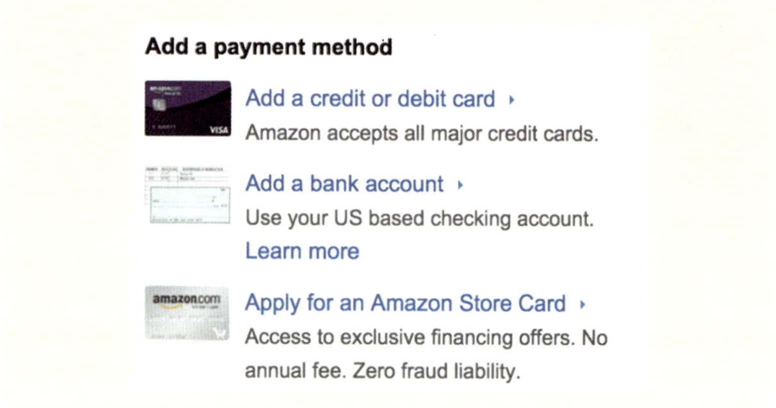

一切输入妥当之后，就可以确认付款了。

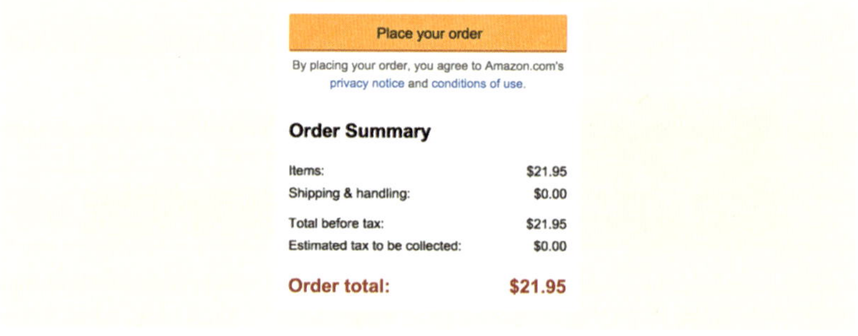

交易完成之后，一般你会收到一封确认邮件或短信告诉你交易已经完成，买了什么东西、何种方式付款、付了多少、预期多久能拿到货物、追踪号码是多少等信息。

至于其他的网店，购买的方法都是大同小异。需要注意的是，为了安全起见，美国的网店很多都要求使用美国的银行发行的信用卡。不过还有不少网站，尤其是使用 Paypal 付款的网站允许使用银联卡，但可能会收取 1%~2% 的手续费。

美国的东西什么时候打折

大家买东西都希望能够打折减价。跟中国的商家一样，一般商店每周都会有一些产品减价促销来吸引顾客。但什么时候减价最多呢？一般是节假日或换季时节。比如每年的黑色星期五，也就是感恩节（每年 11 月份的最后一个星期四）之后的星期五，会是商家打折最疯狂、顾客抢购的时节。这一天通常被认为标志着圣诞购物季的正式开始，被看作是每年零售业圣诞销售业绩的晴雨表，也是一年中各个商家最看重最繁忙的日子之一。

关于黑色星期五这一叫法的起源有很多种，其中一个大家比较认可的看法是，感恩节开启了年终长达一个月的圣诞节日假期，人们也从这个星期五开始圣诞节大采购。在这之前的一年时间里，大部分商店都处于惨淡经营的状态，尤其是为了年终备货，甚至在账面上还会略有亏损。而过去记账时，红色表示亏损即赤字，黑色则为盈利。过了这个星期五大采购之后，账面上终于由负转正，由红字转为黑字。因此大家称之为“黑色星期五”。

从感恩节到新年期间的整个节日季，各个商家都会使出浑身解数来吸引大家消费。最近一些年，网店又发展出 Cyber Monday（网络星期一），也就是黑色星期五之后的星期一，来进行网络促销。这有点像中国的双十一光棍节。属于商家生生造出来的促销节日。不过虽然它开始得比较早，但声势和销售额与中国的双十一相比还是差得很远。

每年夏末秋季开学前，是大家购买各种文具和上学用品的时机。各大商店也会专门腾出位置摆上大批的文具让家长和孩子们来选购。而每年春天商店里衣服换季之前，也会选在总统日，也就是2月的第三个星期一，对压仓的衣物进行减价促销。以此来为夏季的衣服准备资金和展位。

美国的商店节假日关门吗

习惯了中国在任何日子都能上街买东西，到了国外有时会发现买东西还可能吃闭门羹。比如笔者去德国出差的时候，本想在星期天去逛街买东西，却发现哪里都关门。不过在美国就没有那么糟糕了。一般来说，美国的商店星期天都继续营业，只是关门稍微早几个小时。

当然，这也不是说美国的商店一年 365 天不打烊。大部分商店、饭馆、公司、学校在几个主要的节日都会关门。一般来说，他们会在下面几个节日停业：

- 新年 New Year's Day（1 月 1 日）
- 复活节 Easter（每年不同，一般是 3 月底 4 月初的星期天）
- 国殇日 Memorial Day（5 月的最后一个星期一）
- 独立日 Independence Day（7 月 4 日）
- 劳动节 Labor Day（9 月的第一个星期一）
- 感恩节 Thanksgiving Day（11 月的最后一个星期四）
- 圣诞节 Christmas（12 月 25 日）

其中最值得注意的是复活节。因为这是一个宗教性节日，大部分中国人并不留意它。而且它是星期天，是很多华人习惯性购物的日子，所以要提前准备。笔者初到美国的时候，没注意到复活节商店关门，去采购时吃了一个闭门羹。而冰箱里早已经是空空如也。最后，找来找去才找到一家中餐馆仍旧开着门，总算没有饿肚子。另外有些加油站、便利店，尤其是那些非基督徒店主开的，这时候也可能开门。

在美国去哪里买药

人吃五谷杂粮，总会有个头疼脑热、感冒咳嗽的。看病的话，大病去医院的急诊室，小病去诊所，不过美国的医院和诊所一般不卖药。他们有时会给你一两剂药救急，但你还需要自己去药店买药。我们说的药店可以是普通药店如 Walgreen's 或 CVS 的药房，也可以是超级市场或大商店比如沃尔玛、Target 或 Costco 的药房。比如根据 2010 年的排名，药房数目的总排名里，传统药店的 Walgreen's、CVS 和 Rite Aid 占第一、第二和第四，折扣商店里的沃尔玛、Target 和 Sears 占第三、第六和第八，超级市场里的 Kroger 和 Publix 占第五和第十一，仓储式商店里的 Costco 则排名第十二。因为药房是一个利润丰厚的行业，而且顾客在等待拿药的时候往往也会顺便买些其他东西，所以各家商店都是各尽所能吸引大家来本店买药。

药可以分为处方药和非处方药。医生给你开的药基本都是处方药，没有处方买不到。去药店也只能买到处方上允许的计量，不能多买。大家买药的次序一般是先把处方和保险卡交给药剂师。药剂师会告诉你大概多长时间能取，因为有的药只是从他们的大药瓶里数几粒放到给你的小药瓶里，而有些还需要现场配制。你也可以留下电话号码，让他们准备好了通知你。药配好了之后，你就可以带着钱包来取药了。现在很多医生跟药房都联网，你可以跟医生说你常去的药房是哪家，他们可以直接把你的信息传给药房。这样你就可以省下不少等待的时间，甚至可以出了诊所直奔药房就可以取药。

有时大家也可以自己去药店买一些非处方药，比如阿司匹林、咳嗽药、止痛片、创可贴、脚气膏等。药店一般会有一个或两个药剂师在药剂柜台坐班。在他们上班的时候，也可以问他们一些简单的问题，请他们参谋一下该吃哪种非处方药合适。

药房导航

需要提到的是，要寻找药房，你可以寻找 Pharmacist（药剂师）、Prescription（处方）、Pharmacy（药店）的字样。你也可以寻找 Rx 的图样，有时还会跟一个研药的小钵在一起，这是药剂师的标志。写着 Drop Off 的窗口是递交处方的地方，而写着 Pick Up 的窗口是取药的地方。可不要排错队闹个大红脸啊！

在美国可以讲价吗

由于大家的时间都比较宝贵，而且美国的人工费比较高，所以基本上所有的商店都是明码标价。大家拿上东西，看看价签，就可以自己算一下大概要花多少钱了。一般来说，你不可以讨价还价。

当然也不是所有时候都不能讲价，那就是你讲下的价钱能值回你所花的时间的时候。这些时候包括：买卖房屋、汽车、游艇，找工作时谈工资（也就是买卖你的劳动力）、买卖商业企业等。

这时候买主花点时间跟卖主讨价还价还是值得的。而且卖主也往往会漫天要价，等着你来就地还价的。

有些公司打出自己是最低价，他们承诺你只要在其他商店找到同样牌子同样型号的商品比他们的价格低，他们就会找给你差价。听起来很好，但事实上往往没人有时间去到处找低价。很多时候，生产厂家供给各个连锁店的产品即使基本功能一模一样，也要稍微换个颜色改个小功能，故意弄个不同的型号，这样你就无法比较了。有些信用卡公司也向客户宣传这个最低价优惠。以笔者的感觉，这个就更没谱了，至少没听说过有哪个朋友通过这种方式拿到差价。

好在现在很多网站帮助你进行比价，也可以看作是另一类的讨价还价了。当然，谁也没有那么多的时间真的看到几百页之后。大家一般都要看看前面顾客的点评来决定自己是否购买。有的商家为了吸引顾客，免费或低价把一些商品卖给顾客，条件就是要写详细客观的使用评价。这样其他人看了才会下决心购买。

比如你到谷歌上搜索一台40英寸智能电视，第一个跳出来的就是各个商店的价钱和评价。你可以点击进去进行进一步的比价和研究，找到性价比最好的品牌。

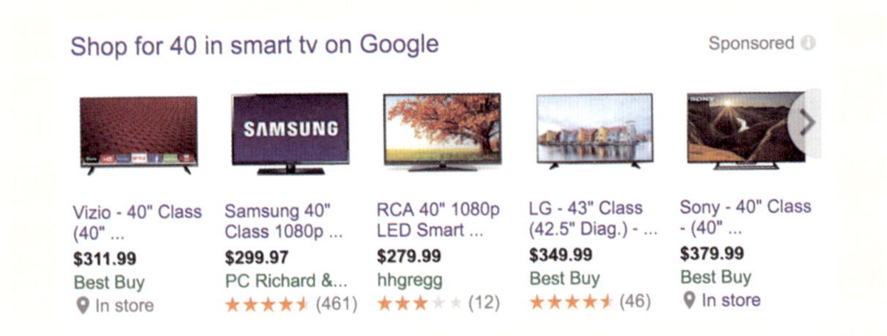

网络比价

退换货政策和保修有什么规定

美国对消费者的保护还是做得比较好的。在大商场里买东西，在一定时间内，只要没有使用过，一般都能无条件退换货。有的商店需要你提供收据，而且商品包装要完整无缺。有的商店则可以从你的信用卡上查到你的购买记录，因此不需要收据。有时你没有收据，但能看出来这个商品就是从这家店买的（主要是靠扫描商品上的条形码），他们会给你一个同等价钱的该商店的礼品卡。有的利润较大的商场或商品，即使商品的包装不完整，也可能会给你全额退款。而对于有些利润微薄或时效明显的商品，尤其是电子产品，有的商场会收取 10% 到 25% 不等的重新上架费。

一般在很短时间内（比如一个月或三个月）出现质量问题或发现瑕疵的商品都可以拿到销售商那里要求退换。但要是过了这个时间窗口期，你就需要联系生产厂家来保修了。有些产品会特别标明：出了问题请顾客直接联系厂家，而不要退回商店去。

第三章

购买服务

在美国怎么往中国打电话

都说出了国就像风筝飞上天，虽然可能飘得看不见，但乡情却像风筝的线一样总是牵挂着家乡的亲戚朋友。过去的时候是一纸书信，后来变成了一通通越洋电话和一封封电子邮件，现在则逐渐让位给了社交网络。这里我们就详细说一说。

首先，就是大家最常用的微信和 QQ 了。只要能上网就可以免费联系。因此，在出国之前确认手机上的应用安装好非常重要。另外，还要跟经常联络的人员试一下音频通话和视频通话，免得使用时出现问题。另外，对于身在国外的微信用户，还有一个特别的好处，那就是微信提供的网络电话，叫微信电话或英文名 WeChat Out。这样，对于需要跟不用网络的长辈，或者拨打客服联系办公等需要用电话的地方，就可以直接从微信里打电话过去。当然了，这个服务一回到中国境内就关闭掉了。而对于出国人员，却是极为方便的。

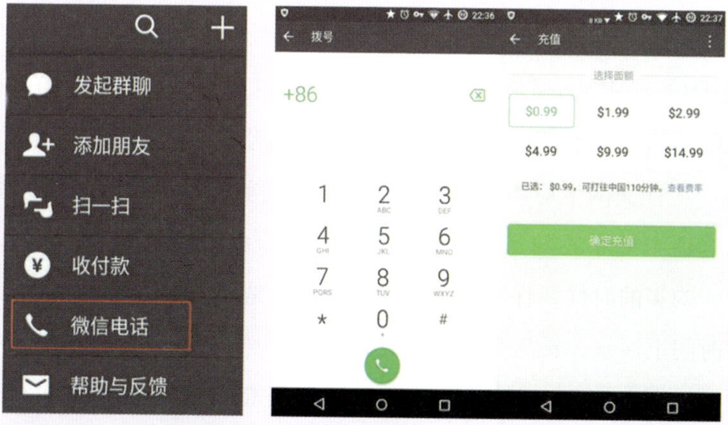

微信电话服务

利用2016年新推出的微信电话功能给中国大陆或加拿大打电话，每分钟只要不到1美分。使用前，就像购买电话卡一样，根据自己的需要购买相应的金额。打电话时，记得在中国大陆的电话号码前加上区号86。打完电话后，还可以查看自己的余额和通话明细，非常方便。当然，毕竟是网络电话，通话质量跟直拨还是有一定差距，有时颇有一种通讯基本靠吼的感觉。

与微信和微信电话类似的服务还有微软的Skype、谷歌的Hangout、苹果的Facetime和脸书的Messenger。与微信类似，它们都是既可以使用数据流量免费和其他用户音频视频通话留言发信息，也可以付费打到对方的电话上去。有的服务，比如谷歌的Hangout和微软的Skype还可以获得一个单独的电话号码。

其次，就是过去大家常用的网络电话卡了。一般百货商店或便利店都能买到，在中国商店或者网上往往能买到更便宜的。只要往你的手机里插上新的预付费SIM卡就可以打电话了。大多数国内三频或四频的GSM手机在美国都能使用。也就是说，如果你的手机是近两年买的，里面要插一张小SIM卡片就可以了。要是你的手机买得比较早（双频的），或者买回来什么也不动就可以打电话（CDMA制式），那最好还是换个电话或想其他办法。这适合初到美国还没来得及买电话的人和压根儿就没有买手机通讯计划的人。

在社交网络应用的网络电话在普及之前曾是广大游子的最爱。用电话卡要小心的是可能会有每个月的服务费或每通电话的连接费。购买的时候要仔细阅读说明。另外要是碰上不法商人，可能会在时间上注水，最后贪便宜不成反而有麻烦。

此外，还可以租用随身WiFi（Pocket WiFi），有的地方叫Mifi。在大型国际机场里面一般都能租到。用它可以一个带几个设备上网，比如手机、笔记本电脑等。费用根据流量包的多少也各有不同。适合于到美国出差需要随时与总部或客户联系，或者虽然是旅游却时刻要晒晒朋友圈的人。

当然，在美国还有一些专门针对华人的国际长途电话服务，比如 iTalkBB，其实也是变相的网络电话。一般需要有一两年的合约或者有月费，但可以绑定电话，用起来比较方便，而不用像用电话卡一样每次输入一长串密码。

最后，对于广大土豪，或者出门在外穷家富路临时客串一下土豪的人来说，最简单的办法就是直接打国际长途了。价钱可能比较贵，但音质会有保证，适合报个平安，或者招呼对方上网打开视频。

这里还要说的是，从美国用电话往中国拨号的时候，要先拨 011，表示这是国际长途，再按 86，表示连到中国大陆，然后再拨中国的电话号码。如果是手机，这直拨手机号。如果是座机，就要拨区号加电话号码。比如你在美国想向北京的国家图书馆推荐本书，查到他们的业务咨询电话是 8854-5426，在中国非北京地区是 010-8854-5426，在美国就可以拨打 011-86-10-8854-5426。如果你是用网络电话拨打，可以直接选择中国国旗，或 +86，免去前面的 011 部分。比如使用微信电话，在屏幕的软键盘上输入 86-10-8854-5426，就可以联系到国图了。

怎么选择手机电话公司

对于想长期住在美国的人来说，还可以选择一家手机电话公司，办理一个手机计划。这样你就有一个固定的电话号码，将来办理信用卡，租房、买车等都比较方便。以前大家都需要安装个座机，但现在年轻人的家庭里一般都不安装座机了。

在美国一共有 180 多家不同的手机电话营运商，有的是区域性的，有的是全国性的，其中最大的四家是：Verizon Wireless，AT&T Mobility，T-Mobile USA，Sprint Nextel。一般来说，前两家的音质更好一些，覆盖面也更大一些。如果你只在大城市活动的话，其实选谁都没有什么区别。但到了郊区，或者比较偏远的地方，T-Mobile 和 Sprint 就可能有点力所不逮。而这都可以到网站上去查信号覆盖图，上面还会标明什么类型的信号（3G 或 4G），支持什么服务（通话、短信、数据）。Verizon 号称覆盖全美 97%，AT&T 则是 93%。当然，一分钱一分货，这两家的价钱也会比后两者贵一些。除了去运营商自己的网站外，有一家网站（http://opensignal.com），可以查看比较客观的信号覆盖。

电话公司

下面是这四家运营商的网址。

- VERIZON：www.verizonwireless.com
- AT&T：www.att.com
- TMOBILE：www.t-mobile.com
- SPRINT：www. sprint.com

关于手机的制式，Verizon 和 Sprint 是 CDMA，跟中国的电信相同。也就是说你的手机和你的手机卡是合二为一的，不用单独的手机卡。而 AT&T 和 T-mobile 采用的是 GSM，跟中国的移动相同。也就是说手机和手机卡是分开的。你可以买个新卡插到旧的手机上换个号码但仍用同一部手机，也可以把旧卡插到新的手机上，保持同一个电话号码。

怎么选择电话计划

在美国，电话计划通常有以下几种。

预付费（Prepaid plan）

所谓的预付就是不用签约，不用押金，用多少交多少。这跟中国的电话套餐类似，就是必须保证你的账户里面有钱才能打电话，所以电话费必须提前充值。好在在话费快用完的时候一般都有提醒。这种套餐不用跟电信公司签协议，但一般也不会送手机，所以可以用自己原来的手机，或者另外买一部无合约的手机。

除了预付电话费之外，还可以加短信和数据流量（data plan）。有按分钟或短信条数收费的，比如每个月包 250 分钟 100 条短信，但超了以后是每分钟通话或每条短信十美分。也有不限量的（unlimited），当然会贵一些。现在的电信公司基本上不给新客户无限的流量。

个人套餐（Individual Plan）

需要和营运商签约一年或两年。一般需要你有社会保险号码

（SSN），如果没有 SSN 就要交纳押金，押金一般是 500 美元上下（根据营运商不同也会不同），过了半年后如果每月都按时付账，就会寄还给你。当然如果你搬家的话，一定要通知他们，否则支票可能会寄丢的。

签约套餐传统上是不需要全价自己买手机的。因为电话公司已经把手机的费用算到了每个月的话费里了。传说中的 199 美元买苹果 iPhone 手机就是指这种签约套餐价。不过现在国内也有很多买套餐送手机的计划了。套餐一般会赠送一段免费通话时间。这个免费通话时间是指早上 6 点到晚上 9 点之间这段时间你可以免费打的分钟数，如果超出这个范围，费用是非常昂贵的。通常首次激活套餐需要收取 36 美元激活费。

周末、节假日和晚上（指晚上 9 点到第二天早上 6 点）打电话大部分套餐计划是不要钱的，可以尽情地煲电话粥 。为了吸引大家把朋友都拉进来，运营商内部互打不收费，比如 AT&T 给 AT&T 的手机打，Verizon 给 Verizon 的手机打，任何时间都不收费。不过你要拨打座机电话一般都是会计费的，如果电话有时间限制的话，对于经常拨打各种客服电话的人最好注意时间，当然给你的电话运营商拨打电话是不收费的。

家庭套餐计划（Family Plan）

就是 2 到 5 个人合用一个签约套餐，交的钱大家分摊，套餐里面的时间也是大家分用，这个套餐一般是一家人合用。在留学生里，也有几个学生一起合用这个计划的。它的好处是平均下来每个人花的钱会少一些，而且只要有一个人申请就可以了。也就是说，只要有一个人有社会安全号码，他就可以带上好几个人一起使用这个家庭套餐计划。一般来说，家庭计划里通话的时间是大家合在一起计算的，但数据流量却可以每个手机有不同的计划，分别计费。比如老爸老妈都是 2G 的流量，而儿子女儿是 5G 的流量。跟个人套餐一样，家庭套餐的每个手机都有激活开通费，在周末、节假日和晚上以及运营商内部互打都不要钱。

由于大家的移动电子设备数量越来越多，现在很多运营商都推出了数据共享计划。比如说 AT&T 的 mobile share plan，不仅允许最多 10 部手机或平板加入，而且允许这些手机和平板共同分享数据流量。另外，自 2015 年以来，各大运营商逐渐从通话为主转向以数据为主，因为他们知道现在很多人的电话几乎不是用来打的。比如 AT&T 的计划就是根据数据流量定价，然后再往上加设备，每部手机 15 到 25 美元，每个平板、手环或便携电脑 10 到 20 美元，同时无限通话和短信。

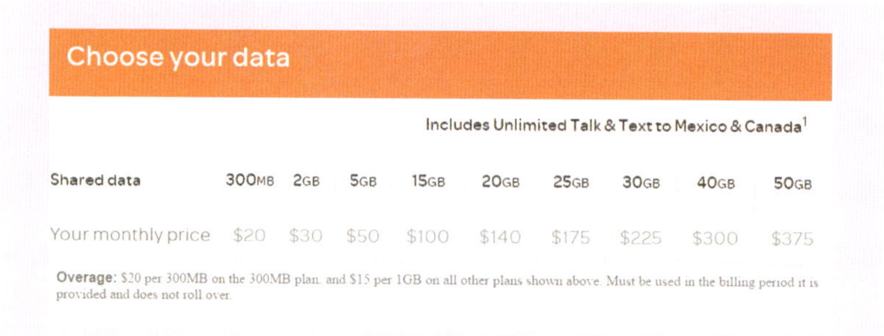
Choose your data

Includes Unlimited Talk & Text to Mexico & Canada[1]

Shared data	300MB	2GB	5GB	15GB	20GB	25GB	30GB	40GB	50GB
Your monthly price	$20	$30	$50	$100	$140	$175	$225	$300	$375

Overage: $20 per 300MB on the 300MB plan. and $15 per 1GB on all other plans shown above. Must be used in the billing period it is provided and does not roll over.

AT&T 公司的每月数据计划

选定一个计划之后，可以往里加手机、平板等电子产品，最多可以加 10 个，足够全家使用。根据计划和接入产品不同，接入费也不同。如果你的计划是 5GB 以下，则每个手机接入费是 25 美元，5GB 以上则降到 15 美元。平板和穿戴式设备的接入费是 10 美元，笔记本电脑则是 20 美元。其实对于大多数人来说，一个人一部智能手机就足够了。如果需要的话，只要把手机的 WiFi 热点打开就可以了。

选定了手机计划，下面我们再来说说大家比较关心的退还、保修、解约等诸多后续售后事宜。

退换和保修：以 AT&T 为例，在购买后的 14 天内，可以退换或者退还手机，但手机必须看上去崭新，包装完好，没有损坏或沾水。14 天后如果想退手机的话，则须交纳一定的费用。手机的保修期通常为一年，越狱机不能保修。在手机一年的保修期内，如果手机有任何问题，或者哪怕是你不满意的地方，你都可以到营业厅去换。比如你说觉得这个手机电池用得太快、音质不好，等等，业务员看都不会看，直接问你需不需要换一个新的。所以一年之内你可以随便换新手机，不需要任何理由。

解约：如果你中途不想用他们的计划了，要缴纳一定的违约金，一般情况是 170 美元左右。

换新手机：当然如果你自己购买一部新的手机，但仍然保留现有的计划，这只要把原来的 SIM 卡取出来放进新手机里就可以了。如果你的卡大小不合适，比如从原来的普通卡换成新的 Nano 卡，你就可以到营业厅请他们换成合适的大小。这种服务是免费的，即使你是从中国买了一部新的手机，只要你还是他们的签约客户，就可以让他们免费帮你转换新卡。

无手机套餐：在传统套餐里面，套餐的月费比较高，而你可以低价获得新的手机。如果你在合约期满之前，想换个新的手机，你就拿不到优惠，可能要全价购买。现在的运行商还推出了一种分期付款计划。也就是说，套餐的合约价不包括手机价钱，而你采用分期付款的方式购买你所心仪的手机。一旦你把手机的价钱付清之后，你就可以再去购买新的手机，而不用等待合约期满。

带手机回中国：在 AT&T 和 TMobile 买的手机，理论上可以拿回中国使用。如果你的手机是在套餐里面买的，它一般都会被锁住。也就是说，你只能使用该运营商的网络，即使你插入其他公司的 SIM 卡，手机也不能使用。但在你使用过一段时间之后，就可以打电话让他们解锁。一般他们会给你一串号码，同时教你一步一步地输入这些号码来为手机解锁。如果你怕麻烦，也可以拿回中国请人解锁或刷机，但要冒着手机损坏的危险。当然如果你的手机买的时候就是解锁的，那走到哪里都可以使用。

如何选择宽带服务

在 20 世纪末 21 世纪初的时候，互联网刚刚起步，大多数人都是通过家里的固定电话拨号上网。当时的速度大约是 56kbps，普通人只有大学里的学生能在学校的机房免费享受到相对的高速网络。当时不少大学生因此在机房里一待就是一整天。而现在很多人家里甚至都没有了固定电话，而是每个人手里一部手机。因此除了一些比较偏远的地区或一些非常穷困的家庭，一般人都是使用宽带或无线服务。由于我们在手机服务里面已经介绍了无线服务，因此我们在这里也就主要介绍宽带服务。

在美国的宽带主要有以 Verizon FIOS 和 AT&T GigaPower 为代表的光纤服务，以 Comcast Xifinity 为代表的利用已有的有线电视网接入的宽带服务，以及以 Verizon、AT&T 为代表的利用传统电话线接入的 DSL 高速网络。近年来，光纤宽带服务上逐渐集成了有线电视和电话，有线电视公司也逐渐用光纤来替代传统铜质导线，同时提供数字电话服务，因此两者之间的区别逐渐消失。同时，传统电话公司也逐渐摒弃以电话线为介质的传统宽带，主推以光纤为介质的高速宽带。另外，像谷歌这样的互联网公司也逐渐侵入接入业务，但迄今为止还处于试探阶段。

Verizon FIOS 的宽带、电视、电话三合一服务

由于技术进步，电话、电视和互联网之间的区别逐渐消失。因此一家公司往往提供所有的服务，叫做三合一（Triple Play）。当然，你也可以选择其中的两项（Double Play）或一项。只是在单价上没有三合一合算而已。

由于宽带接入天然的垄断性质，你所处的地方很可能只有一两家服务商，因此大部分时候基本没什么选择的。所幸大多数公司的服务还算周到，速度上也不会太多地打折扣。如果你的网络变慢，可以去一些网站自查，比如 speedtest.net。有问题就找服务商的客服投诉。

七个比较大的宽带接入服务公司

如果你要安装宽带，首先可以看一看上面的图表里有没有在你所在的地区提供服务（Check Availability）。要注意他们的名字有可能会改变。比如 Comcast 公司，由于它在有线电视上当惯了老大，服务经常受人诟病。现在要转型，树立新的形象，就力推自己的宽带服务新名称 Xifinity。如果有的话，就可以选定一个自己需要的套装，或者在网上填写，或者给他们的客服打个电话，约个时间来家里安装就行了。如果以前的房主已经用过他们的服务，只要重新开通接到你的名下就可以使用。

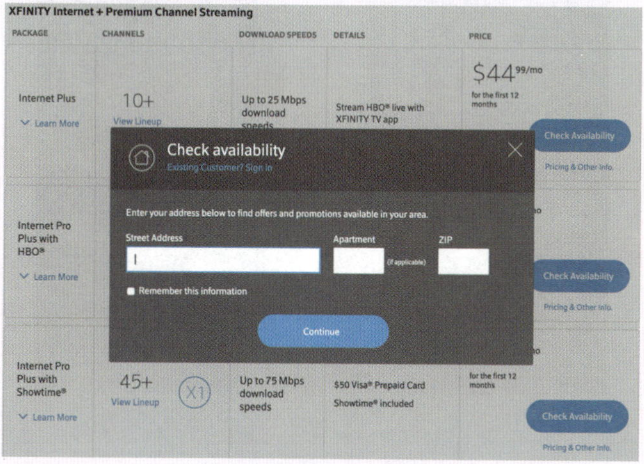

填入你的地址查看宽带公司是否提供接入服务

如何乘坐出租车

在大城市，比如纽约、费城、旧金山、洛杉矶，你可以在街头叫到招手即停的黄色或其他颜色的出租车。这跟在中国的大城市是一样的。至于价钱，以纽约市为例，黄色出租车起步价为 2.5 美元，起步含 0.2 英里，以后每 0.2 英里加收 0.4 美元；高峰时刻（周一到周五下午 4 点到 8 点）附加费 1 美元，停车等候每小时 24 美元。从消费者的角度来看，乘坐出租车费用并不太高。据介绍，在美国最大的 26 个城市打车，前 5 英里（约 8 公里）最贵的是波士顿，为 16.52 美元，最便宜的是圣路易斯和芝加哥，分别是 8.33 和 8.8 美元。而纽约则正好在中间，前 5 英里 12.9 美元。

出租车

城市出租车也有计价器，上面明码标价你需要付多少钱。所以你即使不懂英文也没有关系。与中国不同的是，付账时你需要给

10%~20% 的小费。要是你怕出租车司机带着你乱跑多收费，你也可以事先查一下 http://www.worldtaximeter.com 这个网站，输入起点与终点，计算一下出租车的价格。

如果你不在大城市，路上通常出租车的影子都找不到。这时候你就要使用电话预约服务。公司的调度员会把你的地点和电话告诉在附近的出租车司机，同时还会告诉你出租车的车牌号码、司机的联系方式和大概等待的时间，有点像现在打车软件的原始版。如果你是第二天早上赶飞机，你也可以通过电话预约服务让出租车在约定的时间到你家门口接你。这时你要告诉电话调度员你们有几个人，行李有多少，好让他们派遣大小合适的车来接你们。

每个城市的叫车电话不同，最简单的方法就是在谷歌中输入城市名 +taxi，搜索当地的电话公司及电话号码。现在美国的打车软件也非常成熟，规模最大的两家是 Uber 和 Lyft。你可以事先在手机上下载以备用，省去打电话的麻烦。美国大城市的出租车司机往往以南亚（印度、巴基斯坦等国）的移民为主，说话口音比较重，刚从中国来的人即使英语六级 100 分、托福满分也不一定能完全听懂。有一个打车软件可以帮助省下不少交流上的麻烦。

如何坐公共交通

如果你问美国人如何坐飞机以外的公共交通，估计十有八九不知道。首先在美国没有真正的高铁，其他铁路也又慢又贵。除非你住在称为“东北走廊”的从华盛顿经费城、纽约到波士顿的城市带（那里有称作 Acela 的快速火车），或者就是有钱有闲想体验异国风情，否则，一般不要去坐火车。笔者有个朋友当年不信邪，坐火车从华盛顿南下去佛罗里达，结果实在受不了，回程就把票退了，改乘飞机。

Amtrak 是美国的大型铁路公司，也是为数不多的几个美国国企之一。职工福利好，但企业年年亏损，事故频发。旗下的 Acela 快速火车乘坐起来比较舒服，但时速不到 200 公里，而且票价比飞机票还贵。除了出公差的人以外，普通旅客一般不会选择。

因此美国人大多数喜欢自己开车。几个小时的路程就自驾，再远就先飞过去，再租个车自驾。这主要是除了几个大城市以外，美国的公交系统非常不发达。与中国相比，车速慢，站点少，班次也非常稀疏。所以有可能的话，大家都不去选择公共交通。但在大城市里，开车停车都不是很方便，也有不少人选择乘坐轻轨、地铁和公交。

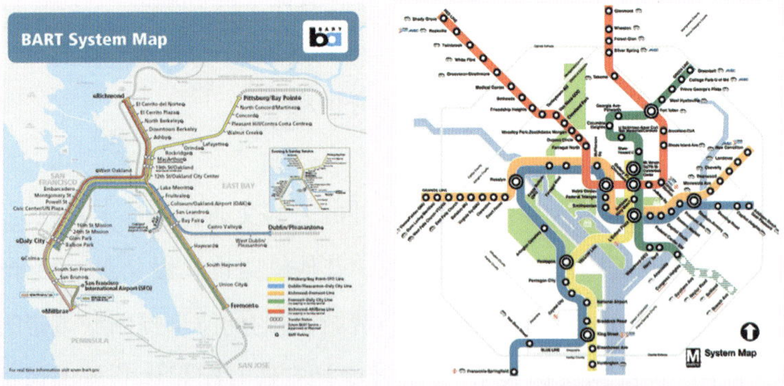

旧金山和华盛顿特区的轻轨及地铁路线图

在一些一线或二线大城市，轻轨及地铁还是比较发达的。一般都有自己的简称，比如纽约的叫 MTA, 首都华盛顿的叫 Metro, 旧金山的叫 BART，洛杉矶的叫 TAP, 芝加哥的叫 CTA，亚特兰大的叫 MARTA，波士顿的叫 MBTA，费城的叫 SEPTA。只要你能找到它们的标志，就很容易坐上。尤其是要赶飞机怕堵车的话，就可以坐轻轨，因为这些城市的轻轨都跟飞机场相连。当然，一般去飞机场的票价都比在市内要高很多。

有些公交车是真的公交车，有的比如旧金山的 Cable Car 已经成为游览项目了。

尽管各个城市公交系统的运行不尽相同，但为节省人力，很多公交车都是无人售票，一辆公交车就司机一人全管。一般的车只有两个门，都是在前门上。司机旁边有个票箱，一张车票在50美分到2.5美元不等，主要是根据你所居住的地方和上下班高峰而定的。也可以买日票、月票、公交卡。

下图中黄色的是纽约城的公交卡，右边蓝色的是洛杉矶的公交卡。拿着它们既可以坐公共汽车，也可以坐地铁。你需要到自动售票机或售票处购买或充值。

坐公交离不开公交卡

如果是上车用现金买票的话，车票不找零钱，车票上面印有买票的时间和失效的时间。一般一张票两个小时内随便换乘。就是说你买票上车，但如果需要倒车，再上另外一辆的话，只要把车票放进票箱里读一下就行了。只要在票失效之前，都可以用，不用再交钱。有的城市需跟司机要一张转车卡（Transfer Card）。如果你使用日票、周票、月票或充值车票，电脑会自动记录时间，在规定时间内到下一辆车刷卡也不会扣钱。

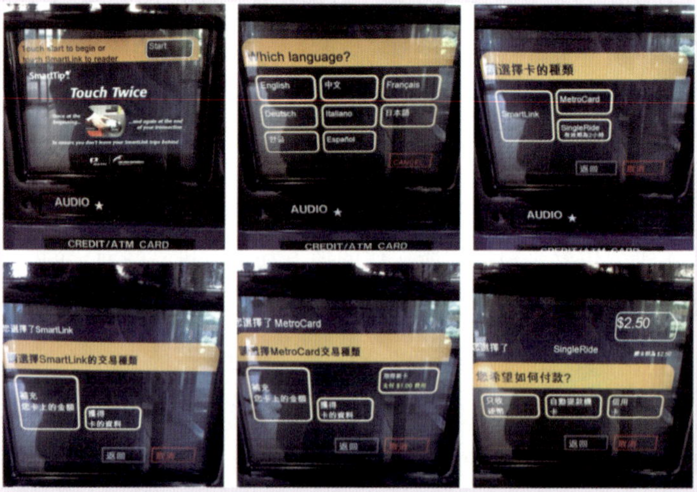

纽约城的公交卡自动充值售卡机有繁体中文界面

如果是坐地铁，事情就简单得多了。在地铁站的自动售票机上根据提示购买地铁车票，刷卡进站刷卡出站，大概全世界都是这样。在纽约、洛杉矶这样的大城市，自动售票机上可以选择中文服务，这对于从中国来的游客就更加方便了。

汽车租赁应注意什么

既然在美国坐公交那么不方便，在很多地方不如租辆汽车自己开。美国大大小小的租车公司很多，最大的两家是赫兹（Hertz）和安飞士（Avis）。他们都有中文网站可以在中国直接预定：

- 赫兹：http://www.hertz.cn
- 安飞士：http://www.avis.cn

其他比较大的租车公司还有 Enterprise（据说是巴菲特投资的公司），Budget, Alamo, Dollar Rent A Car, 等等。你可以去他们的网站比比价钱和车型。

因为你可以直接去中文网站预定汽车，我们在这里就不重复租车的手续了。在这里提醒几点：

坐车一定要提前预约，否则到现场租车一来价格会更贵，二来不一定能拿到心仪的车辆。

最方便的租车地点自然是机场了。有的租车公司在机场内就有柜台，而有的则需要坐机场的穿梭大巴去他们的租车处。很多时候，他们的专门停车场进出口都是单向的。进口只能进车，出口只能出车。同时有地上的栏杆和地下的单向钉作为防线以防有人偷车。

在美国租车必须使用信用卡。这主要是为了防止汽车盗窃和支付车辆违章罚款。

如果你有某些信用卡的金卡和白金卡，他们可能会有一定程度的汽车保险，通常是汽车碰撞损毁险（Collision and Damage Waiver，简称 CDW），你可以婉拒柜台服务人员向你推销的这个保险。但其他的险种有时还是很必要的。如果你在美国有车，有自己的保险，也可以把保险转过去。具体要看你对保险的要求。

如果你持有中国的驾照，拿一份公证过的英文翻译件（有的地方不公证也可以），在大多数州（大家常去的纽约州、加州、佛罗里达州、宾夕法尼亚州、马里兰州、弗吉尼亚州、华盛顿州和首都华盛顿）都可以租车，而不需要所谓“国际驾照”。全球有 60 多个国家和地区签署过《联合国道路交通公约》，互相承认驾驶执照。由于语言不同，这些国家的公民去往其他协议国家的时候应该携带由其本国驾照管理机构颁发的英文证书，这种英文证书被称为国际驾照。这种所谓的国际驾照必须与本国驾照同时使用方为有效。中国没有签署这个协议，因此中国的交警部门当然不会出具英文证书，中国公民也就不可能拿到什么国际驾照了。即使拿到也是假的，反而会有问题。

在另外一些州，比如新泽西、得克萨斯、夏威夷，持有中国驾照不能租车。但如果你只是开车经过，也没有什么太大的影响。但千万不要出事故，一旦遇到警察发现你的驾照不合法，那就会有大麻烦了。

如何给汽车加油

美国的汽车非常多，加油站自然也就少不了。在一些大的路口，小镇的主路和公路两旁，高速公路的出口附近，都能找到大大小小的加油站。有的是 24 小时营业，也有的在夜里和节假日休息。

在中国，加油站都是全套服务，司机只要交钱，加油站的服务人员就会把其余的工作都给包办了。在美国，你也可以如此，叫做完全服务（Full Service），但你要停在专门写着 Full Service 的加油口。在这里除了油费以外，一般还要给些小费，而工作人员也会看情况帮你把车窗擦一下。但对于大多数人来说，选择的是自助服务（Self Service），自己为自己的汽车加油。当然，凡事必有例外。在新泽西和俄勒冈两个州，法律禁止自助加油，你只能在车里等工作人员来为你服务，而你也就没有必要付小费了。

加油站的服务

美国加油站的汽油一般分普通（Regular）、中级（Midgrade）和高级（Premium）三种，而加油站和老百姓都将其中的中级汽油叫作“次高级（Plus）”，听起来好听一些。有的加油站会用更加通俗的办法，比如分成普通，银色（Silver）和金色（Gold）。而有些加油站会直接用标号，比如 87、89、93。无论如何，大家都能一眼就看出其中的意思。对于普通车辆来说加普通油有就可以了，有些豪华车需要加高级油，买车或租车的时候经销商都会跟你说明。

美国很多地方还实行英制，加油站也是如此。他们的价格是按一加仑算的。一加仑约等于 3.7854 公升。跟中国比价格的时候除以这个换算单位再乘上当时的汇率就可以了。据说在上世纪 70 年代的美国，国会曾经要求所有的单位都改成公制。加油站也被要求从加仑改成公升。于是有些不法商人就只改单位不改数字。也就是说假如原来每加仑一块钱现在变成每公升一块钱。结果遭到大家的抗议，后来这个法案也就不了了之了。

在有些地方，加油站要把收取信用卡的手续费转嫁到顾客身上，因此他们会列出两个价格，一个是信用卡价高一点，另一个是现金价，会低一点。但在大部分发达地区，两种价格基本是一样的。

美国汽油的价格都是标到 0.9 美分

加油之前一般都要先付钱，或者是先交现金，或者先刷卡，然后才能开始加油。

如果是付现金（Prepay），你需要先把车停在加油泵旁边，查看并记住加油泵的编号。之后带上钱包到店里付费给加油站的服务员，告诉他用哪个泵加油、需要加多少。比如你在 2 号泵旁边想加 20 块钱的油，就跟他说“Please add twenty dollar to number 2.”。

如果是刷卡，你也可以用同样的办法在加油站的小店里先进行卡的预授权。但大多数人都直接在加油机上自主操作（Pay at the pump）。方法是找到插卡口，把卡插进去，然后迅速拔出。对于借记卡（Debit Card），你需要输入密码。而对于信用卡（Credit Card），一般加油机会接着让你输入信用卡的账号地址（Billing Address）的邮编（Zip Code）。因此你要自助加油的话，需要有一个美国的信用卡。如果你只有中国的信用卡，有的加油机输入00000也可以，但大部分就需要你去店里付款了。

选择信用卡自助加油

在具体的操作上，如果你用现金加油，那回来的时候，只需要选择你要加的油类型，拿下油枪，按住“扳机”，就可以了。有些油枪有一个扣，把扳机顶在扣上，就可以把油枪放在那里自己加油，你就可以欣赏欣赏周围风景了。等油加满了，油枪的扣会自动弹起停止加油。

如果是用卡加油，需要等2~3秒，待显示屏提示“Please

remove the nozzle.”之类的话，就可以拿下油枪，照上面做法加油。某些加油机不带按钮，这时你需要把加油机上的放油枪那个支架往上抬一下，相当于按按钮的作用，然后再加油。加完油把支架放下来，油枪回位。

加油完毕后，显示屏通常会问你是否要收据，这就看自己了。有时可能还会有洗车的服务。

除非你的车是柴油车，比如皮卡、货车或某些德国车，否则不要加柴油（Diesel）。有的加油站柴油泵和汽油泵是分开的，不要看那里没车就冲过去。有的加油站两者在一起，柴油的选项一般都是绿色，而且会有单独的加油枪。如果你不小心误加了柴油，千万不要发动你的车，赶紧请专业人员把柴油从车的油箱里抽出去。一旦启动了车，柴油就会混到发动机里，发动机很可能会报废。另外，加油站一般附设有给汽车轮胎打气和吸尘的设备，可以投币使用，简单保养一下车子。

柴油车加油跟汽油不能混

柴油的加油枪一般都是绿色的。千万不要跟汽油搞混。

过桥过路费怎么交

谁说美国不交过路费的？笔者上班每天要过一条河，因此需要走一座大桥。每走一个来回，就需要交 5 美元的过桥费。而有人统计过，2015 年从华盛顿驱车去纽约，不到 400 公里（240 英里）的路程，一路上交的过桥费、过路费和高速公路费加起来有 38.55 美元。回程由于一些地方单向收费的原因，会少一些，但也有 23.55 美元。开车旅游或者上班，除了汽油钱要精打细算之外，过桥过路费也要搞清楚。

各种过桥费、过路费和高速公路费都统称 Toll。一般在离收费站半英里甚至一英里的地方，就会看到指示牌，告诉你该交费了。有时你还会看到一个贴心的牌子，“Last Exit Before Toll（这里是收费站之前的最后一个出口）”，让你早作准备。

小心公路收费站

当你继续开车向前接近收费站的时候，你还会看到指示牌。现在几乎所有的收费站都接受电子收费（ETC）。在美国的东部，由于收费站比较多，收费系统也比较发达。占统治地位的是一个叫做 EZPass 的系统。你可以自己申请一个 ETC 的车载缴费仪（Transponder），只要到互联网上搜一下相应地区的 ETC 管理局就可以了。比如说 EZPass，虽然你可以用一个缴费仪北到缅因，南到北卡，西到伊利诺伊，但仍需要在某个州申请并接受管理。一般是你的车子注册的州。而且你搬家之后，也不需要更换。每个缴费仪需要月费从 0.5 美元到 1 美元不等。初次申请时需要缴 25~35 美元的预交费。之后就可以连到你的信用卡上自动扣费了。下面是几家常见的 ETC:

- 东岸大部分地区：EZPass
- 佛罗里达：SunPass
- 加利福利亚：FasTrak
- 得克萨斯：TxTAG

如果你是到美国旅游，租车的时候也可以向租车公司要一个 ETC 缴费仪。当然，他们不会免费给你使用。有的公司价格合理，有的价格很高，一定要事先问清楚价钱。

电子缴费仪（Transponder）一般都固定在车内后视镜后面的车前窗上。这样能保证收费站的天线能读到你的缴费仪。一般电子缴费仪的使用者都有专门通道。在离收费站很远的地方就会有告示牌提醒你。如果你没有电子缴费仪，可以事先多准备一些零钱放在车子里。

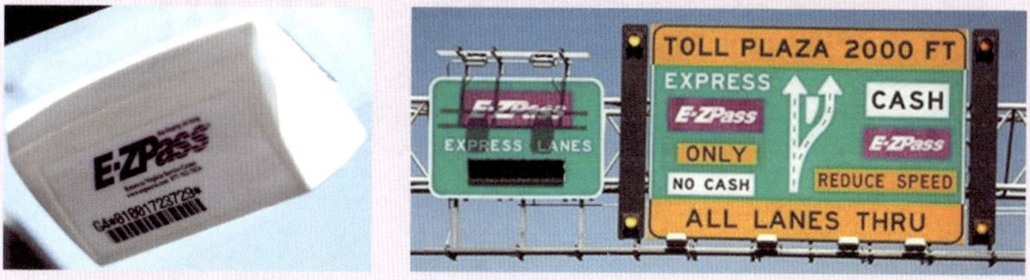

电子缴费仪省时省心

到了缴费站，根据自己的情况选择相应的收费口。过缴费站时要看清上面的标识，搞清楚自己应该从哪个通道过去。有 ETC 的话一般不用停下来，但要减速。有些快速通道则连减速都不需要，直接按 55mph（每小时 55 英里或时速 88 公里）的速度开过去就行了。

ETC 专用通道一般是无人值守，但会有摄像头，防止有人闯关。如果你不小心走错了误入 ETC 专用通道，不要停，径直开过去就是了。到了安全的地方，给收费站的管理局打个电话，告诉他们你走错了，他们会给你发个账单让你补交费用。要是你不联系管理局，摄像头会通过你的车牌号找到你，除了补交费用之外，还会有一笔不菲的罚款。

要是你选择交现金，还分是刚刚好的还是有找零的。如果你手头有刚好那么多现金来缴费，选择 Exact Change（钱正好）会比较快。当然，没有的话，就要去普通车道排队。有的缴费站还收信用卡，但这就要看你的运气了。

缴费站选通道

入住酒店有哪些需要注意的

入住酒店，中美之间没有什么差别，也就是先订旅馆，到了之后在前台办理入住手续（Check In）。离开的时候结账还卡（Check Out）。下面我们提醒几个需要注意的事项。

如果可能的话，酒店最好提前预订。预订的价格一般都比临时找上门的价格便宜。有时即使你已经站到酒店门口了，打个电话进去得到的价格都可能比直接进门去问的价格低，因为你进了人家的门就不太可能再去找别家酒店了。所以，要充分利用互联网。很多酒店都有自己专门的预订网站，上面既有报价也有酒店介绍和房间照片，可以用信用卡完成预订。

一般酒店通常至少要有一个满 18 岁的人（有些甚至要 21 岁）才能办理入住手续，所以就算能订（订房时候大都不管年龄），没大人陪也住不进去。所以高中生和刚上大学本科的留学生如果要住酒店的话，最好能有一个大人陪伴。

如果你带孩子入住酒店，大多数情况儿童都是免费的。免费的门槛有的 12 岁，有的 19 岁，不确定的话，可以打电话给酒店。如果需要加床，大部分都要单独付费。

如果你使用信用卡订的酒店，入住之前前台都会刷卡授权，也就是说他们先会通过刷卡冻结卡上的一部分金额作为押金，但实际上钱并没有划走。到了退房的时候，他们会再刷一次卡真正地把费用扣除，多退少补。如果你用另一张信用卡或现金结账，原来冻结的资金都会解冻。有很多酒店你走的时候不用跟前台退房，直接走人就可以了。他们会自动根据入住时的授权从你的信用卡上把钱扣走。

在美国的酒店，一般要给打扫房间的服务员一些小费，金额1美元到5美元之间。出门前把现金放在一个醒目而且不会引起误会的地方，比如卧室的枕头上、厕所的台子上或者房间的桌子上。

美国人住什么样的房子

美国的房子一般分成几种：

独立屋（House），也就是大家常说的别墅。独立屋是独门独户，前后左右跟邻居都有一定的距离，基本上都在郊区，也通常会有自己的前院、后院、车道等，有的还会有自己的车库。屋主（Owner）拥有独立屋的产权，但也要自己负责物业，比如割草，铲雪，等等。

一个比较现代形式的独立屋

比较主流的殖民地式（Colonial）独立屋

二战后大量建造的双层式（Bi-Level 或 Split-level）独立屋

适合老年人居住的平房（Ranch）式独立屋

独立屋通常比较大，一般都会有三到四间卧房，从中国到美国的年轻人和学生通常要么是几个人合租一整套房，要么是只租一间房间（这种方式称为 Homestay），独立屋的主人一家还住在这里。对于前者，主要优势是比较自由，几个生活习惯相似的人住在一起比较有共同语言。美国的大学生在大三以后，往往也会和几个朋友搬出宿舍，在学校附近的居民区里租一个独立屋生活。对于后者，主要优点是房客可以设身处地感受美国文化、练习口语，迅速融合到美国当地的生活中去。但这需要和房东家庭的生活方式相契合，否则容易引起矛盾。

另外，由于独立屋一般都是在郊区，除非自己有车，或者处在学校的周围，否则交通可能会不太方便。独立屋的出租往往是由房东直接进行或委托中介进行，有时不是很正规，需要仔细阅读合同。有些独立屋的租客需要负责保持屋里屋外的清洁，也需要铲雪、割草。有些房东则是把这些活儿外包出去，而直接把成本打到房租里。

排屋（Townhouse），也称为联排别墅。这种房子虽然像独立屋一样独门独户，但通常跟左右邻居是连在一起的。有的会有车库和后院，有的没有，还有的会有一些公用院子。排屋的屋主也拥有墙以内房子的产权，但墙之外是公共产权。每月和每年需要交物业费，用来割草、铲雪和集中维修房顶、车道、花园等公共设施。对于租客来说，租排屋或独立屋没有什么区别。

公寓（Apartment），有时你会看到在唐人街等地称之为柏文的。这往往是一栋或一片单元楼，被一家房产公司统一管理和出租。公寓的出租过程跟其他房屋理论上没有什么区别，但比较正规。因为

美国房子

管理人员不是房东，所以一般都是公事公办。租公寓的时候，你只需要保持房间内清洁就可以了，门外楼梯的打扫、走廊的卫生、花草树木的修剪，还有冬天的铲雪都由物业公司负责。城外的公寓都会有自己的停车场，城内的公寓往往都有门卫。有的公寓还会有公用的洗衣房、健身房、网球场或游泳池。

还有一种公寓叫共有式公寓（Condominium，简称 Condo）。它的管理跟普通公寓一样，区别在于里面每个单元的产权归个人所有，所以你租房的时候是跟房东打交道。这跟在中国的租房非常相似。

颇有些魔法学院英伦范儿的藤校宿舍

如果你到美国是来上学，那么还有一种非常特殊的选择，那就是住学校宿舍（Dormitory，简称 Dorm）。学校宿舍通常是本科生两人一间，研究生一人一间，但共用生活设施比如浴室和厨房。住宿舍直接跟学校申请就可以了，不用跟房东或者中介打交道，也不会查你的收入和信用历史。住在学校里面既安全又方便，参加各种活动也比较容易。很多学校也要求本科一、二年级的学生必须住在学校宿舍里。但学校宿舍的房租通常比在外面租房要贵一些。在有些学校，学生对宿舍的需求很大，要抢到一间宿舍还真不是那么容易，甚至需要通过抽签决定谁能住进去。一旦你收到学校的录取通知后，请马上把住房申请表填好寄回，可能还需要交一笔订金。另外，由于暑假里大部分学校本科生都回家了，很多宿舍都会关掉，不回家的同学需要搬到仍旧开放的那一两栋楼里面集中住宿，开学时再搬回来，比较麻烦。

在美国怎么租房

如果想住得时间长一些的话，肯定不能总住旅馆。在买房之前，大多数人都会先去租房住。据美国政府的相关数据表示，美国大约有 60% 到 70% 的人都在租房。

首先找到房源

如果你人在中国或外地，或者你怕麻烦，可以通过中介来找房子。通过中介的好处是省事、省时、省力。你只要把自己的要求告诉中介，中介就可以帮你在相应的地段以相应的价位找到合适的房子。在美国不同地方的治安可能会相差很大，如果你不熟悉当地的情况，说不定会不小心找到黑帮云集毒品泛滥的地方。到租房时，只要上网就可以搜到当地几家比较大的房屋中介，跟他们打电话或发邮件说明你租房的要求，他们一般都会在一两天内给你找到符合条件的房屋信息，例如地址、房间数、租金、详细照片、街区位置、附近的学校商店，等等。现在很多房屋的信息里还包括 360 度视频，让你能全方位看到房子的每个角落，非常适合远程租客。你可以从中筛选出几个比较满意的，让中介提供更多的信息。或者亲自到当地让中介带着你去看房。绝大多数的中介手头都有很多房源，你要是这一批没有满意的，可以向他们继续要，直到找到满意的为止。

中介最大的优点就是，会根据自己的工作经验帮人们筛选掉不好的房东和有问题的房子。中介的缺点则是价格贵，大部分中介会向租房者收取一定数额的中介费，也有只向房东收取中介费的。但无论是哪一种，通过中介租房，每月的房租普遍高于自己去租。还有很多租房者喜欢与朋友或同龄人通过当地房产公司合租一个公寓，水电杂费一律均摊。因大家上课或上班时间的不同也很少会因为共用洗手间和厨房而发生冲突。若是能找到志同道合的室友，还可以一起做饭。但根据大部分美国房产公司的制度，必须签至少半年的租房合约。一般房产中心的房源半年合约的月租都普遍高于一年合约的，除非租房者确定能住满租约期，不然绝大多数房产公司都不允许转租，会白白浪费钱财。

如果你对自己的能力有信心，你也可以自己找房。你可以去看报纸杂志的布告栏或上租房网站寻找。在街头卖报纸的地方和商店里往往也有专门登当地房源的广告册子。大家常用的租房网站有craigslist.com，zillow.com，trulia.com 等，这些网站上的租房买房信息应有尽有，从价钱到照片到地理位置都可以看到。另外各个房产中介的网站也会放很多房源，尽管他们有时会把地点或房东的信息屏蔽，但也是一个很好的参考。

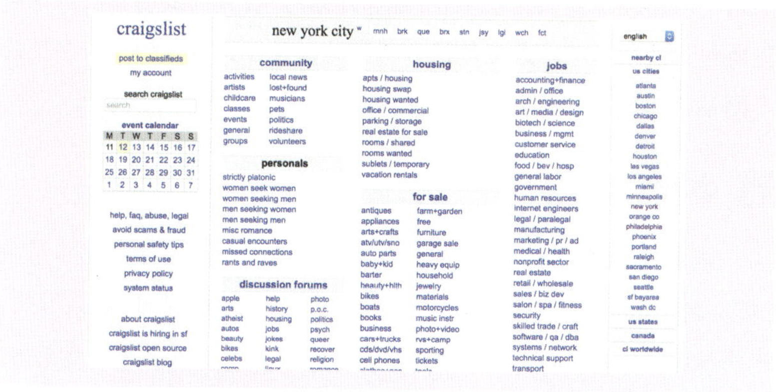

Craigslist 有点像国内的 58 同城，在上面可以免费发布和寻找跟日常生活相关的各种信息，包括租房、买车、交友、短工、二手货等。很多个人房东都会选择在 Craigslist 发布自己的房源信息，信息内容包括对住客的要求、合同期长短、房屋图片、现住房客介绍等。美国很多租房者都是通过浏览这个网站找到房源的。首先输入想要租房的地点和房租的预算等信息，之后 Craigslist 会筛选出符合租房者要求的房源。看过房间介绍和照片如果感兴趣，就可以直接联系房主询问并看房。此网站的弊端在于有些人利用发布租房信息来骗取租房者的个人信息。所以一般回信如果有询问银行账号等个人信息的，请及时屏蔽和举报。

zillow.com，trulia.com，rent.com，roommate.com 是比较专业的买房和租房网站，上面中介比较多，有些可能还需要注册和付费。但这些网站除了发布房东本人提供的内容，还会放上网站的数据库里所包含的信息。因此比较适合对房源做具体比较，很多人会把几个网站合起来一起看。

填写租房申请表

当你找到中意的房子时，你先需要跟房东填写一个租房申请表（英文名 Application）。上面一般会要求你填写姓名、地址、联系方式、工作单位、收入多少、社会安全号码、住进来多少人、是否有宠物、什么时候入住等信息。房东根据你的申请表查看你的信用历史和经济状况，决定是否把房子租给你。一般来说，学校周围的房东会比较通融一些，但其他地方对信用历史的考察会比较严格。为了方便本书的读者，我们在章节的最后附上一个通用的租房申请表，大家租房前可以事先研究一下，也可以对照将来房东给你的申请表看是否有超出常规的地方。

签订租房合同

如果你的申请通过了（Approved），你就需要和房主签订租房合同（Lease）。租房合同是一份法律上有效的合同，规定合同签署人要租的具体的房间或房子以及租用的时间期限，同时也规定房主在这段时间内必须把房子租给合同签署人。除非你打算在整个合同期间住在那里，不然的话不要租必须签合同的公寓。一般的租房合同期限都是一年，但也有先租半年或三个月，之后按月续租的，当然租金会相对高一些。很多人在买房前会把租房合同改成后一种。对于长租比如两三年相应也会有优惠。同样为了方便读者，我们在本章的最后也会附上一个比较简明的租房合同供大家参考。

一般的房东都会要求房客缴纳一个月的押金，在搬入前再预付第一个月的房租。这叫做“预付房租”。预付房租是为了确保房客在搬走前至少30天通知房主。对于很多刚从中国来的房客或刚刚毕业的学生来说，由于个人的信用历史不足，许多房东还会要求支付一笔安全押金（Security Deposit），通常也是一个月的房租。有时这个安全押金也会以清洁押金的面目出现。这笔押金的目的是确保房客不会损害东西，确保房客搬走的时候公寓设施一切完好。如果房客搬走时公寓状况令人满意，房主会退还安全押金。你应该保存押金收条作为凭证。这里需要强调的是，走的时候一定要把所有的家具都搬出去或者卖掉，房间里什么都不剩，然后彻底打扫卫生。如果房间卫生很差的话，房东可能会扣很多钱，有的甚至直接把一个月房租全扣了。毕竟押金在别人手里，没必要扯皮。

签合同前，你要和房主或经理一道检查公寓，列出所有你搬走时不应该承担责任的缺陷之处，比如说，前房客在墙上挂画留下的钉子眼、开裂的地板、损坏的木件或地毯上的污渍。你一定要知道作为房客的权利和责任以及房主的义务，这是十分重要的。询问有关的规定和限制。房间有任何问题一定要提前说清楚，包括水电、卫浴、厨房器具。住进去后再出问题更麻烦。只接受详细写清楚规定和条件的书面租房合同。在签署任何租房合同前，一定要先清楚而彻底地弄明白合同的内容。你可以向房主要求把合同拿走几分钟，甚至提前一天，以便能够细看，这样做是普遍可以接受的。作为房客，房主依法应该给你一份租房合同。你不必马上签署合同。如果你是学生，也可以向学校的有关办公室咨询。许多学校都向计划住校外的学生提供咨询服务。最后说的就是签合同的时候一定要问清楚冬天的供暖时间从什么时候开始，到什么时候结束，如果供暖出现问题怎么办 。同时如果房子不能在合同规定的当天搬进去，该如何赔偿 。一定要仔细看合同的每一个条款，想到可能出现的各种问题，所有疑问都要问清楚，要不然之后麻烦会非常多。尽管一份详细的合同会有很多页，你还是要硬着头皮读下去 。将来买房的时候，你需要阅读的合同会更厚，所涉及的金额会更多。

在美国如何看病

俗话说，什么都可以没有，但不能没钱；什么都可以有，但不能有病。在美国就更是如此了。总的来说，美国医疗的服务态度普遍很好，检查设备普遍很先进，但医药费用普遍特别高。如果你没有保险，一场大病就能把你从小康生活拉到破产。同时，尤其是近些年，医疗保险也是特别贵，而且越来越贵，自己掏钱买保险的话，保险费也能把你的生活水平从小康拉到温饱。当然，如果你的收入在一定门槛以下，那就申请到新通过的奥巴马医疗保险（Obamacare），可以享受到不菲的补贴。而华人一般处于中产阶级，要想拿到不那么容易。

美国的医疗体制与中国最不同的地方，一是医药分开，二是家庭医生分流。医药分开与过去中医看病类似，医生只管开方，而病人拿着药方去药店抓药。当然，医生手里有时也有一些赠药，这些往往是医药公司送来的。根据病人情况，医生可以送给病人急用。医药公司也希望因此医生在后面的疗程里就开他们的药。

在中国，患者有病往往直接去医院，但在美国，除非急诊，否则大家首先想到的并不是医院。传统上，每个人都有一个家庭医生。当然这个家庭医生并非像电影里贵族家庭的私人医生那样专门为你服务。而是你平时看病固定去一个小诊所，这个诊所往往也只有一两个医生，他们或者是全科，或者是内科但兼看各种普通病。你在那里每年做一次体检，平时有什么头疼脑热的也去那里开药。而诊所里也有你历年的身体检查和生病的记录。遇到疑难杂症，他们会给你推荐相应的专科医生。这个医生就是你的家庭医生，官方名称是 Primary Care Physician（PCP），也有人翻译成初级保健医生或基层医生。绝大部分美国医生都是 PCP，他们构成了整个医疗保障的第一道防线。

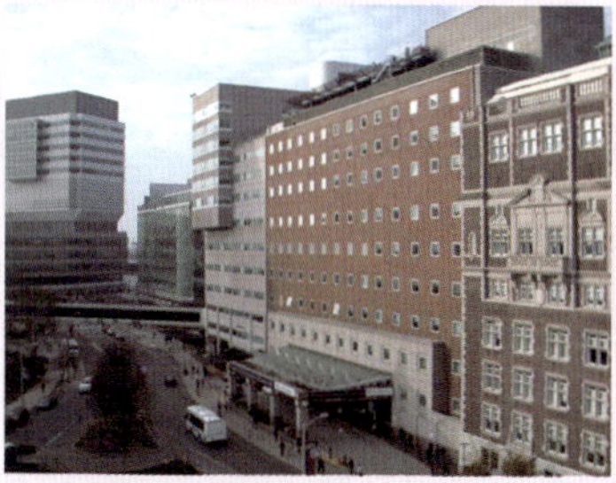

笔者住宅附近宾夕法尼亚大学的医院和儿童医院在美国稳居前列。远远近近、新新旧旧的几栋大楼占据了一大片街区。但这么多年笔者除了曾经去他们里面的麦当劳吃吃午饭之外，从来没有进去过。而有发烧感冒或需要检查身体的情况，都是去郊区这个不起眼的大楼里的医生诊所。一个大楼里有各科医生，从内科、眼科、儿科、牙科到整容，却各自营业，互不隶属。有时时间约得好，可以在等内科身体检查之前去牙医那里洗个牙。不过一般情况下，大家都会在一个地方等很长时间。

如果你的保险是 HMO（Health Maitenance Organization，没有对应中文，字面翻译健康维持会），因为他们的主要目的是降低医疗费用,这套机制是强制的。你必须从 HMO 指定的医生网(Network)内选择一个作为你的家庭医生并在保险公司备案。要是搬家或者想换人，必须跟保险公司联系并经过他们同意才可以。你不仅不能去其他的家庭医生那里，要是直接去专科医院或诊所，他们在检查了你的医疗保险卡之后也会拒绝接受你。你必须先到家庭医生那里拿到转诊条（Referral），然后再去条子上指定的专科医生那里看病才可以报销医疗费。如果你的保险是 PPO（Preferred Provider Organization，也没有对应中文，勉强字面翻译是优先供应组），也就是比较贵的那种，则不限定家庭医生。觉得不好了直接换一家就行了。要去看专科医生的话，也可以约一下就过去，无须提供你的家庭医生的转诊单。当然前提条件是他们接受你的保险，也就是说这个医生在保险公司的网络之内（In Network）。不过，对于大多数人来说，自己并不知道该去哪个专科医生那里，有个家庭医生帮你把个关还是很好的。

当然，不管是家庭医生还是专科医生，你去之前都先要跟他们预约。定好了日子和时间去检查身体。如果不去的话，要提前跟他们取消预约，这样好给急需的人腾出位置。即使你不来，有的医生对于不提前取消的人也会收取诊疗费。

到了看病的时候，你需要带上保险卡，在预约的时间来到诊所等待看医生。如果是第一次来，还需要带上有照片的个人身份证件

（Photo ID）如驾照、护照等。诊所会把你的证件和保险复印一份作为存底。将来万一换保险的话需要通知他们。

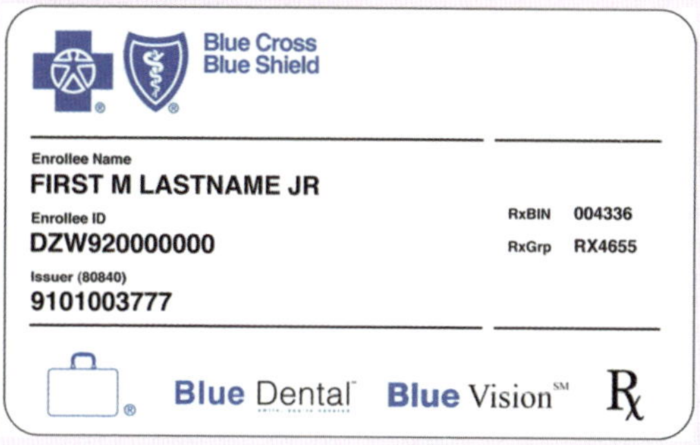

一张典型的保险卡

对于新病人，都需要填写一个新病人注册表（New Patient Registration Form）。主要是看一下你的个人情况，比如你上过什么保险、你的亲友联系方式等。一般在注册表最后是授权诊所向你的保险公司直接索要医疗费用。这样你就不用先付款然后再去找保险公司报销了。当然，这只是诊所的一项服务，如果他们因为种种原因没要到钱，就会直接给你寄账单。如果你不付，他们就可以拿着这张带有你的亲笔签名的注册表上法院告你欠款。当然，你要是不签名的话，医生肯定拒绝给你看病。

填完表之后就是交费了。即使你有保险，一般也需要交一定的自付额。自付额的多少跟你的保险有关，肯定是保险越高，自付额越低。

一般家庭医生的诊所的候诊室都布置得比较温馨，往往还会放上一台电视和一些杂志帮助大家打发候诊的时光。在美国对医疗隐私的重视程度很高，因此没叫到你的时候不能进入诊疗室内。

Patient Information

Patient Information

Last Name:	First Name:	M.I.:	Previous Name (if applicable)

Mailing Address: Apt #

City/State/Zip:

Home Phone:	Cell Phone:	Work Phone:

Preferred Method of Contact for reminder calls and other electronically generated messages: (Please Select Only One Option) ☐ Voice ☐ Text | If Voice, Please Select Preferred Number : ☐ Home ☐ Cell ☐ Work

Date of Birth:	Sex: ☐ Male ☐ Female	Family Physician or Pediatrician:
Marital Status:	Social Security #:	
Employer Name:	Emergency Contact Name:	
Emergency Contact Phone #:		Relationship to Patient:

Additional Information and Responsible Party

Responsible Party- If the patient is a minor (under the age of 18), the parent or guardian bringing the patient in will be listed as the guarantor

Last Name:		First Name:
Date of Birth:	Social Security #:	Phone:

Address of Person Responsible:

City/State/Zip: | Relationship to Patient:

Additional Information (PLEASE FILL OUT ALL SECTIONS BELOW)

Email Address: | Can we leave a message regarding your medical care & test results? ☐ Yes ☐ No

Race (please select): ☐ White ☐ American Indian or Alaska Native ☐ Asian ☐ Hispanic ☐ Black or African American ☐ Native Hawaiian or Pacific Islander ☐ Other ☐ Decline

Ethnicity (please select one): ☐ Hispanic or Latino ☐ Not Hispanic or Latino ☐ Decline

Preferred Language (please select one): ☐ English ☐ Bosnian ☐ Indian (including Hindi & Tamil) ☐ Sign Language ☐ Spanish ☐ Russian ☐ Other

Preferred Pharmacy Name & Location:

Insurance Information

Primary Medical Insurance	Secondary Medical Insurance
Ins. Co. Name	Ins. Co. Name
Policy Holder Name:	Policy Holder Name:
Policy Holder's Date of Birth:	Policy Holder's Date of Birth:
Policy Holder's Social Security #:	Policy Holder's Social Security #:
Patient Relationship to Policy Holder:	Patient Relationship to Policy Holder:

I have read and agree to Primary Health Medical Group's (PHMG) payment policy. I understand that payment is my responsibility regardless of insurance coverage. I hereby assign to PHMG all money to which I am entitled for medical expenses related to the services performed from time to time by PHMG, but not to exceed my indebtedness to PHMG. I authorize PHMG to release any medical information to my insurance carrier or third party payer to facilitate processing my insurance claims. I understand that failure to pay outstanding balances within 90 days of notification of the amount due will result in submission to an outside collection agency. A $15.00 returned check fee will be charged for checks returned due to insufficient funds. By choosing text messaging and/or email as a communication method, I acknowledge that Primary Health Medical Group is not liable for any wireless charges I may incur and that unencrypted patient information may be sent to me via text message or email.

MEDICARE BENEFICIARIES: I request that payment of authorized Medicare benefits be made to PHMG. I authorize any holder of medical information about me to release to CMS and its agents any information needed to determine these benefits or the benefits payable for related services.

This office has chosen to participate in the Idaho Health Data Exchange (IHDE). If you do not wish to share your healthcare information with other medical providers you can contact the IHDE at (208)332-7253 or www.idahohde.org

I have reviewed a copy of Primary Health Medical Group's Privacy Notice. ☐ (Initials)

Signature of Responsible Party: X ________________ Date:

Printed Name of Responsible Party: X ________________ Date:

新病人注册表

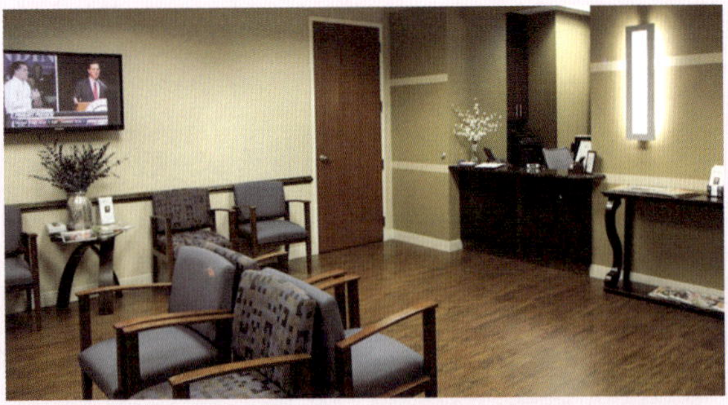

温馨的候诊室

在经过漫长的等待之后，你会被护士或医生的助手叫到里面。但这并不意味着轮到你了，而是换到诊疗室里等。同样由于顾及病人隐私的需要，每个病人都会有一个单间，医生在这间看完一个病人之后，需要走到下一间去看另一个病人。而在病人进入单间之后，会有一个医生助手给你进行简单的身体检查，比如身高体重什么的，还会从电脑上面把你的病历调出来，输入一些例行的内容，比如日期和刚才检查的结果等。需要的话，还会给你时间换上病号服以方便医生来做进一步的检查或治疗。

再等一段时间之后，医生终于来了。大多数医生都会对你和颜悦色，但除非你有大病，否则不要指望她会跟你待多长时间，一般也就 10 到 15 分钟左右。而除了检查之外，医生还需要在电脑上输入检查结果、治疗方法和使用药物情况。当然，对于大多数人来说，这也就够了。

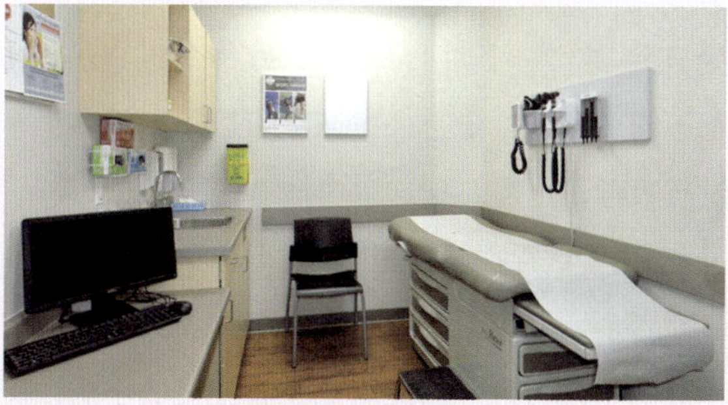

一间典型的诊疗室

看完医生出来后，如果需要，你可以跟前台医生的助手约好下次来的时间。如果不需要，就可以径直回家或去药房拿药了。在若干天之后，你就会收到保险公司寄来的明细，告诉你医生要多少钱，保险公司管付多少钱，你自己还需要补交多少钱。当然，在打开保险公司的信之前，最好先拿上纸巾找把椅子坐好，因为医生开的医疗费总会比你想象的要高，而保险公司也总会找各种理由拒付或少付，你很有可能在读完账单后，天旋地转，泪如雨下。

在美国检查身体的时候，有的医生会帮你抽血然后送去化验，但很多时候会给你一个表格，让你自己去找地方验血。所幸的是，有市场就有服务。在大部分城镇，都有专门从事这种服务的小店。一般是两家连锁店。一个叫 LabCorp，另一个叫 Quest Diagnostics。很多时候都不需要预约，走进去排队就可以了。很多工作都需要你证明自己没有吸毒，也需要到这里去抽血化验。

最近几年，由于医疗保险费越来越高，很多人选择高免赔额（High Deductible）的险种。也就是说每年要自己先掏几千块钱之后，医疗保险才开始介入帮你付账。因此有个感冒发烧的小病，反正是自己掏钱，大家其实随便找个诊所都可以看。而且，家庭医生的工作时间一般也是工作日的白天再加上周六，到了晚上或周日是不开门的。过去人们着急的话只好去急诊室，但那里的费用更高。随着人们的需要，街头的日夜诊所（Walk-in Clinic 或 Walk-in Medical Center）变得流行起来。在这里往往营业时间很长，随时都有一个坐堂的医生。看的也都是头疼脑热、轻微的跌打损伤之类的小病。不需要预约，进去跟前台挂个号，坐在那里等着医生就可以了。说起来跟中国的社区卫生站有点类似。而且这里很多时候可以先问价，再看病。

一间无预约诊所

如何支付账单

安顿下来之后，每个月都要应付的就是从四面八方寄来的账单，有水、电、煤气费用，有电话、互联网费用，还有房租及信用卡还款。一个不小心忘了交或者晚交，都会被罚款甚至被告上法庭。其实，如果银行里有足够的钱，支付账单还是很容易的。只要你知道往哪里付，付多少，什么时候付；同时付账的时候，告诉收款方你是谁就可以了。下面我们以一个电力公司的账单为例，向大家介绍一下如何看账单，如何付账。

收到账单之后，你可以寄支票付账，也可以用网上银行付账。极端情况下甚至可以自己到电力公司的服务部亲自去付款。

首先解释一下账单上标注的各个栏目的意思。

账号（Account Number）：每一个用户对应一个独立的账号。你

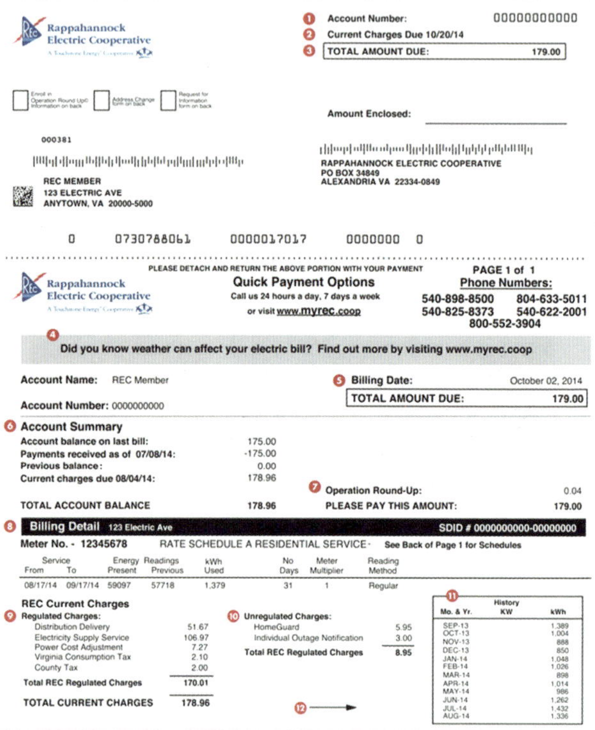

Rappahannock Electric Cooperative

① Account Number: 00000000000
② Current Charges Due 10/20/14
③ TOTAL AMOUNT DUE: 179.00

Enroll in Operation Round Up© Information on back
Address Change form on back
Request for Information form on back

Amount Enclosed:

000381

REC MEMBER
123 ELECTRIC AVE
ANYTOWN, VA 20000-5000

RAPPAHANNOCK ELECTRIC COOPERATIVE
PO BOX 34849
ALEXANDRIA VA 22334-0849

0 0730788061 0000017017 0000000 0

PLEASE DETACH AND RETURN THE ABOVE PORTION WITH YOUR PAYMENT

Rappahannock Electric Cooperative

Quick Payment Options
Call us 24 hours a day, 7 days a week
or visit www.myrec.coop

PAGE 1 of 1
Phone Numbers:
540-898-8500 804-633-5011
540-825-8373 540-622-2001
800-552-3904

④ Did you know weather can affect your electric bill? Find out more by visiting www.myrec.coop

Account Name: REC Member
⑤ Billing Date: October 02, 2014
Account Number: 0000000000
TOTAL AMOUNT DUE: 179.00

⑥ Account Summary

Account balance on last bill:	175.00
Payments received as of 07/08/14:	-175.00
Previous balance:	0.00
Current charges due 08/04/14:	178.96
TOTAL ACCOUNT BALANCE	178.96

⑦ Operation Round-Up: 0.04
PLEASE PAY THIS AMOUNT: 179.00

⑧ Billing Detail 123 Electric Ave SDID # 000000000-00000000

Meter No. - 12345678 RATE SCHEDULE A RESIDENTIAL SERVICE - See Back of Page 1 for Schedules

Service From	Service To	Energy Readings Present	Energy Readings Previous	kWh Used	No Days	Meter Multiplier	Reading Method
08/17/14	09/17/14	59097	57718	1,379	31	1	Regular

REC Current Charges

⑨ Regulated Charges:

Distribution Delivery	51.67
Electricity Supply Service	106.97
Power Cost Adjustment	7.27
Virginia Consumption Tax	2.10
County Tax	2.00
Total REC Regulated Charges	170.01
TOTAL CURRENT CHARGES	178.96

⑩ Unregulated Charges:

HomeGuard	5.95
Individual Outage Notification	3.00
Total REC Regulated Charges	8.95

⑫ →

⑪ History

Mo. & Yr.	KW	kWh
SEP-13		1,389
OCT-13		1,004
NOV-13		888
DEC-13		850
JAN-14		1,048
FEB-14		1,026
MAR-14		898
APR-14		1,014
MAY-14		986
JUN-14		1,262
JUL-14		1,432
AUG-14		1,336

一个典型的电力公司账单

付款或打电话咨询的时候，对方可以用这个账号迅速找到你的资料。

账单截止日期（Current Charges Due Date）：为避免滞纳金，这个日期之前公司必须收到付款 。注意这不是你付账的日期，要提前几天才能避免晚交。

总到期金额（Total Amount Due）：包含现行收费及过去任何未付的余额（如果有的话）。

重要消息（Bill Message）：每个月电力公司想跟客户传达的消息。

账单日期（Billing Date）：开出这张账单的日期。

账户总额 / 预算总额（Account Summary/Budget Summary）：自

上次账单以来的任何费用及付款，这用来计算你的总账户余额。

向上凑整行动（Operation Round-Up®）：这是收费公司为支持当地社区和非营利组织而发起的公益活动。其他公司没有这个栏目，但可能有类似的活动以提升自己的形象。

计费明细（Billing Detail）：比如电表的表号，税率表，当前和以前的抄表日期、读数，使用的总千瓦时，计费天数，读取方法等。

税费（Regulated Charges）：州政府规定收取的税费。税费的详细说明一般列在账单的背面。

其他费用（Unregulated Charges）：公司自己购买其他产品和服务产生的费用。

使用历史记录（Usage History）：可以用来查看你每月的用电量增减。有很多公司还使用条形图直观地表达。

在账单背面还一般有地址变更表格、获取更多信息的方法、办公时间和地点、现行电价、规定税费的详细解释，以及其他重要信息。

每月收到账单以后，你要从头到尾仔细阅读，因为上面有很多信息。尤其重要的是上个月你已经付的款有没有上账，这个月的应付额计算上有没有错误。你还要看一下这个月的账单跟历史相比有什么异常，如果有的话找一找是什么原因。比如说上个月天气太热或太冷导致用电太多，来了客人用水增加，或是出去旅游信用卡消费增多。如果没有特别的原因，就要看看账单计算有没有错误了。

如果账单没有错误，那就要及时付款。有时候滞纳金可能会比账目数字都要来得多。大多数时候你都可以用支票来付账。通常要把账户号码写在支票上面。写好支票之后，撕下账单上的回执，塞进水电公司或者信用卡公司提供的信封里，贴上邮票寄回去。一般在提供的信封上面都事先印好了邮寄地址。如果你嫌写支票太麻烦，也可以用电子付款的方式，并且设置每月自动还款。具体办法我们在下一章讲解。

怎么给小费

在美国大部分需要服务的地方，比如餐饮、酒店、出租车、导游、理发等，都要给小费。主要是因为这些服务行业员工的工资相对比较低，小费能帮助他们达到最低的生活收入，而且能鼓励他们提供更好的服务。下面我们就列出几个经常要付小费的地点。

餐馆饭店

在餐馆饭店，只要是有人给你端茶送水，你就要给小费。如果服务一般的话，小费金额在普通餐馆是账单上的15%~20%，而自助餐是10%~15%。如果你觉得服务很好，不妨多给一些，比如增加账单金额的3%~5%。当然，有时有的服务态度实在太差，你可以减一些作为惩罚，但一般不能不给。

给小费的方法可以是把现金放在桌子上，当服务员收拾桌子时拿走。但现在更多的是直接把小费签在信用卡的单子上，这样可以省去现金零钱不够的问题。在先交钱后取饭菜的快餐店一般不用给小费。

叫外卖时，如果餐馆离你住所的距离很近，一般是1到2美元的小费，远一点就是2到3美元。如果外卖的量很大，给5美元也很正常。如果你在餐馆订了饭自己去取，一般不用给小费。态度特别好的时候，给1美元也很正常。另外如果你是请客办party，或者公司午餐会，订了很多，请餐馆服务员帮你搬到车上，还要了很多纸盘、纸碗、塑料刀叉什么的，此时的服务员也会期待着拿到5%~10% 的小费。

机场

在机场，柜台上托运行李不用给小费。但人多的时候，在机场候机室外面可能会有一些临时柜台，你下车就能托运而不用到里面排队，这时一般一个托运行李给 1 美元的小费。如果家有老人或残

疾人，使用机场轮椅服务，一般会给 3 到 5 美元的小费。如果路程特别长或者服务特别好，不妨多给一些。机场租车公司的穿梭大巴，如果司机帮你拿行李，每个行李给 1 美元的小费。下了飞机取行李，有人帮你拿下来放到手推车上，再拉到外面等车的地方放下来，也是每件行李 1 美元。

理发店

理发店一般也是给理发师 15% 的小费，最少不能少于 1 美元。帮你洗头的服务员一般是 1 到 2 美元。美容院里一般也是这个价格，但如果有好几个人为你服务的话，一般是发型师给 10%，另外再拿出 10% 给其他人分。美甲师则是每人 1 美元，特别满意的话可以多给一些。

出租车的司机也是 15% 的小费，如果很少的话，付款后不用找零（Keep the change）。如果司机下车帮你拿行李，一般也是每件行李给 1 美元。

旅馆

住旅馆的话，每天早上出来的时候都在桌上显眼的地方给打扫房间的服务员留下几美元，最好再用烟灰缸或者什么东西压住一角表明你不是不小心遗忘在那里的钱。如果你叫旅馆服务员帮你从旅馆的餐饮部门为你送饭，一般要拿餐费的 15% 作为小费。旅馆入住时，如果前台人员帮你把行李拿进房间，你要给 5 美元的小费。如果门童只是帮你开门，不用给小费。但要是他帮你从街上叫来出租车，或者帮你拿行李，你需要塞给他 1 到 2 美元。办理入住和结账手续的前台人员是不用给小费的。

大型购物

在买家具和大型家电送货的时候，最少要给每个送货的师傅 5 到 10 美元的小费。如果家具特别大，特别沉，需要组装，或者要搬到楼上，每个人给 20 美元小费比较合适。

旅行团

参加旅行团的话，一般每人每天至少要付 5 美元的小费。不过你放心，每天行程快结束的时候，导游都会提醒你，随大流就可以了。

还有一些其他的，比如停车场帮你停车的服务生（Valet parking attendant）每次给 1 美元，剧院、美术馆的衣帽间在取行李的时候给 1 美元小费。不过像纽约大都会博物馆、华盛顿的航空航天博物馆等衣帽间不用给小费。你要给他也不会拒绝。如果搞不清楚，不妨仔细看一看前面的人是怎么做的。

如何买电影票

到了电影的发源地和出产大片最多的国度，来美国不去电影院看一两场电影岂不是亏了自己？而且美国的电影票价格比较亲民，从日场的七八美元到3D大片的十几美元，一般人都能负担得起。不论是周末的全家乐、三五好友的欢乐时光，还是情侣的约会，去电影院看场电影都是一个可以说走就走的娱乐项目。

看电影首先当然就是买电影票了。最传统最直接的办法就是去电影院的售票处（Box Office 或者 Ticket Counter）直接买票。一般在售票处的窗口或后面的墙上都会有一个大屏幕，显示当天上映的电影名称和时间。买票的时候，你要告诉售票员自己要看哪场电影，票上印有时间和放映厅的号码。选好电影，买了票，就可以到放映厅里等电影开演了。通常在一家影院各个电影的价格都一样，不管是刚得奥斯卡奖的大片还是小众的文艺片，都是一个价格。但区别是受欢迎的片子会放在大的放映厅，也会每天多放几场。另外，如果是3D电影，由于有额外的设备，价格也会高一些。在美国有一家专门的院线叫IMAX，专门放超大荧幕的3D电影，价格也比普通电影院高一些。

一家典型的售票处

还有，如果你带着孩子去看电影，要注意美国电影的分级制度。通常在电影名字的后面还会加上一两个字母，那就是美国电影公会（MPAA）对电影进行的分级。

- G 级：适合所有人观看。
- PG：建议家长指导下观看。
- PG-13：13 岁以下儿童需要在家长指导下观看。

● R：也称限制级，家长之前最好先自己研究一下再决定是否要带孩子看。

● NC-17：17 岁以下儿童禁止观看。

● NR：未分级。家长自行决定。

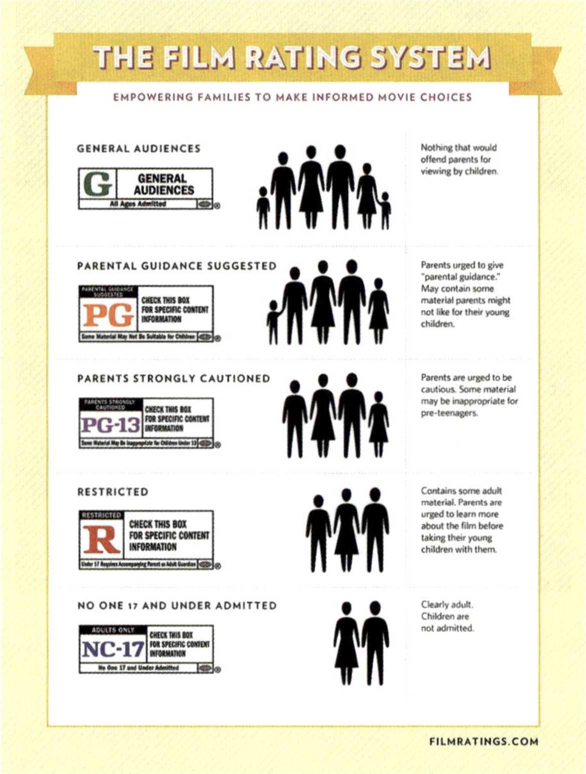

电影分级系统

当然，也有很多青少年买一张适合儿童电影的票，却偷偷跑到少儿不宜的放映厅去看。这虽然不是本书讨论的内容，但作为家长需要注意一下。

通常在周一到周五工作日的白天是电影院的客流量最小的时候，为了吸引顾客，这时候的票价也最便宜。为此，这时候的电影票也有一个专门的名字，叫 Matinee。如果你是个学生、退休人员，或正好白天有空，买张 Matinee 电影票去看电影最合适了。这时候观影的人少，票价又便宜，因为大多数电影院都不是对号入座，这时候你真的可以想坐哪里就坐哪里。当然这种电影票都有时间限制，通常是从早上开业到下午四五点钟。过了点，就不让你进去了。

很多院线也会推销他们的会员。有的免费（比如 Regal Club），有的收费（比如 AMC 会员年费 12 美元）。当然会有相应的优惠或回扣。对于常看电影的人来说，看几次电影得到的优惠可能就值回会员费了。

另外有不少商店（比如 Costco）也会销售某家电影院的预购电影票，价格通常会比在电影院直接买便宜一些。拿着这些预购电影票，到售票处换成普通的票就可以进场了。缺点是一旦保管不当，这些预购票很容易丢失。

直接买票的缺点就是可能这家电影院不放映你想看的电影，或者时间不合适，你需要等一两个小时才行。如果你有时间，可以去附近的商店逛逛。但对于现代人来说，时间却是最缺乏的。好在现在互联网上有不少网站或手机应用就可以查到时间。比如雅虎（Yahoo）或谷歌（Google）的电影频道（Movies）、Fandango、Showtime 等。拿出电脑或手机，马上就能看到在附近的电影院的地址、上映的电影的名单和时间、导演、主要演员等，还能看到预告片帮你决定要看哪场。如果电影院允许的话，还能直接网上订票。到了电影院，到售票处或门口的取票机上直接取票就可以了。

看演出怎么买票

与普通老百姓去看电影相比，去剧院看由真人表演的节目要显得更加高大上，当然价格也更贵，范围可以从百老汇大型表演的前排座位的一人几百元到乡村巡回马戏团的十几二十块钱。

如果你想去纽约百老汇看一场歌舞剧，最好提前订票，否则到了百老汇大街上再去一家一家地看，估计很难买到你想要的票。有些比较出名的演出，在演出季刚开始或快结束的时候，很可能一票难求，需要提前几个月才能买到。你可以直接到订票网站如broadway.com 或 ticketmaster.com 订票，也可以去一些旅游公司或高档旅馆的大堂服务处。需要注意的是，不仅旅游公司会收服务费（Service Fee），很多订票网站也会收取订票费（Convenience Fee 或 Order Processing Fee）。这虽然一直为人诟病，但像小费一样，已经成为业界的一个惯例。如果想省下这笔费用的话，也可以去演出公司自己家的网站上去买。但这需要一家一家地看。有的小公司就直接外包出去了，那就没有什么办法了。

著名的纽约百老汇大街

纽约的百老汇是中城的一条大街（Broadway St），因为上面遍布着多家戏院，因此变成了舞台剧、歌舞剧等各种戏剧的代名词。各路演员都以到百老汇演出为荣，如果一个节目能在百老汇演出，那么再到其他地方也会身价倍增。其实各个城市也都有自己的剧院，观众都能欣赏到有相当水准的节目。尤其是有些节目会进行全国巡演，不用专门到纽约也能看到原班人马的演出。

在美国还有很多巡回演出，比如著名的冰上迪斯尼（Disney On Ice）、玲玲马戏团（Ring Ling Circus）等。各个乐队、艺术家也会到各地演出并与自己的歌迷、粉丝见面。一般他们都会提前在自己的网页上登出演出时间和地点,可以提前买票。买得早的话，还可以拿到一些优惠。而且如果你买过一次票，或者注册过的话，以后有类似的演出，还会提前通知你，让你和你的钱包一起早做准备。

某位表演者的演出计划节选

对于表演艺术家来说，观众是他们的衣食父母。所以他们需要不断地巡回演出来保证自己的知名度以及维护在观众心中的形象。为此他们在自己的网站上都会标出自己的演出计划。大家可以根据自己的住址和时间安排找到最适合的演出场次。

去游乐场怎么购票?

很多人到美国的首要目的地就是去逛佛罗里达或洛杉矶的迪斯尼游乐园和环球影城。对于美国人来说，迪斯尼也是一生中一定要去几次的地方。有个说法是至少三次，第一次是在青少年时期一定要去，否则在同学间没有面子；第二次是当上父母之后，一定要带着孩子去，否则会被孩子埋怨一辈子；第三次是当上爷爷奶奶之后，一定要带着孙子孙女去，享受一次天伦之乐。

其实美国的游乐园（Theme Parks 或 Amusement Parks）非常多，除了这两个著名的景点之外，还有很多专供本地人去的游乐场。比如六旗公园（Six Flags）就是以惊险的过山车出名，海洋世界（Sea World）的水上活动和表演更出色，而芝麻街（Seseme Place）则是以面向儿童为自己的定位。

去逛游乐场比较简单，选好日子后去他们的网站上订票就可以了。有的也可以直接去门口买票。一般来说，只要买好票进去，就

巡回嘉年华

可以随便玩了。只要你的时间够，体力够，人多的时候不怕排队，那就什么问题都没有了。

有很多游乐场往往还兼营旅馆饭店。比如著名的迪斯尼，如果住在里面的旅馆或度假村，则可以比别人多玩一段时间。还有一些北方的水上公园，为了能一年四季吸引游客，就把水上公园的室内部分和旅馆连在一起。游客住下之后，穿着游泳衣就可以直接从楼道里走到游乐场。即使外面是白雪皑皑，大家在里面也可以玩得热火朝天。

一家室内水上公园

相对于迪斯尼、环球影城、海洋世界等，美国人去这些本地的小型游乐场的次数会更多些。比如在美国东北部的大狼堡（Great Wolf Lodge），在每年的寒假期间都会人满为患。相比之下，价格不算太贵，开车几个小时就到；由于采用封闭式，小朋友们没有走失的危险。在这里，小朋友们尽情玩耍，大人喝咖啡聊天，是全家老小、亲朋好友聚会的好去处。这种游乐场一般会在你的手腕上绑一个彩色手环，每天或每几天的颜色不一样，这样很容易就能看出你是否买票了，而且玩的时候也不容易丢失。

另外还有巡回的嘉年华（Carnival），租用一个操场或一块空地，就可以搭起一个临时的游乐园。对于住在美国郊区的人，尤其是小朋友来说，每年几次来巡回演出的马戏团或嘉年华，可以说是心目中最大的期盼了。

美国有很多杂技团、马戏团、游乐场采用巡回制，有点像中国农村的草台班子。他们的设备与大型游乐园相比要简陋一些，但带给你的乐趣却并不一定少。与大型游乐场不同的是，他们的票价通常是按次数计算的。也就是说，门票很便宜，但只能看不能玩。要玩的时候，每个项目（Ride）都要付一次钱或交一张票。通常他们会在几个入口处卖联票，你可以一下子买 10 张、20 张，玩的时候交一张票玩一次。

第四章

储蓄与支付

如何选择一家银行开户

总体而言，银行是接受并保护个人和各种法人的资金，然后放贷出这笔钱赚取利润的商业机构。美国的银行系统有超过 140 万亿美元资产。它支持世界上最庞大的经济体，拥有最多的私人信贷。

那他们都给大众提供哪些服务呢？主要有：网上银行、手机银行、支票户头、储蓄、货币市场、借记卡、礼品与预付卡、定期存款、个人退休账户、信用卡、抵押贷款、房屋净值贷款、个人贷款、外汇、

新泽西州 Edison 附近银行分支机构

另类投资等。

美国有数以千计的银行和信用社，我们在选择银行时，可以优先考虑周围生活区的银行网点。比如，围绕新泽西州 Edison 附近，我们看到这里至少有 13 家银行的分支机构：美国银行、花旗银行、大通银行、哥伦比亚银行、企业国民银行、投资者银行、储蓄 Metuchen 银行、PNC 银行、公积金银行、道明银行、Skylands 社区银行、团结银行、富国银行等。

选择银行的第一个常见的条件是银行是否有 FDIC 的标志(Federal Deposit Insurance Corporation 联邦存款保险公司)，有 FDIC 的标志则表示银行倒闭时，联邦政府会代为赔偿。美国有大约 7000 家 FDIC 保险的商业银行和另有 7000 家 NCUA 保险的信用社。

FDIC 和 NCUA 保险

了解银行提供的服务项目。就像是逛商场一样，我们也可以逛银行，并了解银行是如何给客户提供服务的。选择网上银行也是同样的道理。参观银行分支机构或银行网站之前，列出一份问题清单，要求银行职员为自己回答：

- 位置：方便我工作或上学的地方吗？
- 营业时间：在那些时段，我可以进入银行并有工作人员服务？
- 年龄限制：几岁可开支票或储蓄账户？年龄限制是什么？年

纪小的话，学生是否需要和父母开共同签署账户？

● 最低开户值：开户必需的最低金额是多少？如果达不到最低金额，会被收取月租费。

● 罚款和费用：如果账户不保持一定的时间会受到什么罚款？如果有的话，每月的服务费是多少？

● 在线功能：我可以上网看到月表还是银行邮寄月表？是否提供网上银行？是否提供免费的网上银行账单支付？我可以通过我的手机登录网上银行吗？

● 收益：如果我创建一个储蓄账户，会赚多少利息？是支票账户还是利息账户？关于利息，还有哪些特殊的规定？

● 借记卡：我可以得到一个 ATM（借记）卡（参见 ATM 和借记卡）吗？如果可以，有没有与此相关的费用？是否有什么限制？如果在其它的银行使用借记卡提款，是否有费用？

● 信用卡：我有资格申请信用卡吗？如果有，父母必须共同签名吗？有什么要求和限制？利息是多少？如何计算？

● 费用：支票是否免费或有优惠？下列服务里哪些服务免费，哪些收费？

汇票、银行本票（这是银行担保支票，也被称为银行支票）、正式支票、汇票、出纳员的支票、银行汇票或财务支票或旅行者的支票。

以上这些问题，我们最好走进银行并坐下与银行客户经理谈一谈。哪里不明白，一定要问清楚，直到搞明白为止。收集不同的银行信息后，要综合做比较，最终确定选择哪家银行。

主要大银行选择

在美国常见的银行有 Citi（花旗银行）、Bank of America（美国银行)、Chase(大通银行)、Wellsfargo(富国银行)等。

● 美国银行(Bank of America)

BOA 有任意收取手续费、隐藏费用以及许多罚款陷阱等问题。

优点:分行内 ATM 多,六国语言服务,周六至下午 1 点开门。

缺点:存款入账速度缓慢,平日下午 3 点关门,罚款、手续费、隐藏费用多。

美国银行

● 花旗银行(Citi)

是美国最大的银行集团,以纽约来说,分行多,提款机也多。与其他银行相比,Citi 学生账户的要求十分低,只要是学生就可以了,学生账户无条件免去账户管理费,同时可以申请国际学生信用卡，提早开始建立信用。Citi 应该是唯一一个刚到美国就可以取得信用卡的银行。

优点：费用低，适合国际学生，ATM 多。

缺点：平日下午 3 点关门

花旗银行

- 大通银行（Chase）

大通银行

CHASE

在纽约分行多，提款机也多，不过与 Citi 相比，对学生账户的要求较高，25 岁以下才能开学生账户。但一般账户免除管理费的标准也很低。除此之外，Chase 常常会有开户优惠，根据条件不同可以获得 100~500 美元不等奖励。此外 Chase 也是美国主要信用卡的发卡银行之一，可以考虑拿着 Chase 的 coupon 开户赚取奖励，等开户一段时间之后，可以利用开户的时间作为筹码，申请 Chase 的信用卡。

优点：管理时间长，服务好。

缺点：对学生账户的要求高，管理费用较高。

● 其他银行如富国银行（Wells Fargo）、道明银行（TD Bank）、PNC 银行等，也有一些自己的特点，与上述三家银行相比并没有特别突出的地方，信用卡也普通。

Wells Fargo 银行

由于许多人都有申请国外与美国账户的需要，这里提一下关于 HSBC Premier 的两三事。

PNC 银行

HSBC Premier 最大的好处是可以在各国创建 HSBC 跨国账户，且享有零时差且免手续费的优点。只要在 A 国（如中国）是 Premier 账户，到其他国家（如美国）HSBC 开户时就同样是 Premier 账户。

HSBC

银行服务费

在美国银行开户时，还需注意银行服务费。刚刚我们所列出的银行服务项目中，不是所有的上述服务都是免费的，也有收费项目，但银行通常不会提醒。这里列举几个：

最低余额费：账上剩余额太低，银行收益不能覆盖其账户维护成本。那么银行可能会收取最低余额费用，以弥补成本。

维护费用：这笔费用可按月或按年支付，将出现在银行对账单上。

提早关闭账户费：如果你 6 个月内关闭账户，你可能会被收取费用。

退票费：如果你存入支票，出资银行拒付，你会被罚款，通常每张支票会收 25 美元到 35 美元的费用。

提款卡更换费：换取丢失的借记卡可能有费用，例如，美国银行费用是 5 美元，而 PNC 银行是 7.5 美元。

纸印月结算表：除非免费或有确定用途，否则不需要。

取款费：如果你用网上银行账户，若到支行出纳寻求帮助，会收取维护费。

外汇兑换手续费：如果在另一个国家使用提款卡，该银行将收取此费用来支付兑换货币的外汇成本。

银行开户文件

一般而言，只要有 SSN（社会安全号）即可开户，但大多数的留学生和旅游者并没有社会安全号，此时开户就需要护照或 I-20 作为留学的文件证明。I-20 是每个去美国读书的同学（持 F-1 签证者）都会拿到的一张表格，由美国移民局签发，是申请 F-1 学生签证时的必备文件。若是打工旅游的，则需要 DS-2019 作为证明文件。DS-2019 是 J-1 签证用的，和 F-1 的 I-20 表一个作用。除此之外，许多银行都要求双证件开户，比如学生证、纽约州驾照、国际驾照与护照一起办理开户。除了双证件之外，银行还需要有效的美国地址和电话号码来邮寄提款卡。

请注意，若是以外国人身份开户，注意需填写 W8-Ben 外国人免税证明文件。

主要开户种类

开户类型主要有两种：

- Checking Account（支票账户）

支票账户会与支票、提款卡连结，当有人兑现你的支票，或是利用提款卡提款时，会从支票账户内扣取对应款项。

- Saving Account（活存账户）

活存帐户与支票账户相比，有较高的利息。一般银行服务员会建议将大部分现金存入活存账户，支票账户维持低额度的金额，有需要时，才将存款由活存账户转入支票账户使用。要注意的是支票账户与活存账户间的账户也需要手续费，但银行大多会免除每个月头几次手续费。

在哪里可以用现金

俗话说“现金为王”，但那是指在股市上。在现实生活中，现在使用现金的地方还是很多，但却是越来越有限了。由于担心假钞（仅仅在2011年，全世界就截获了大约2.6亿假美元），或者担心现金太多会引来抢劫犯（据联邦调查局FBI的数据，美国仅2012年就发生了35万多起抢劫案，很多还是持枪抢劫），所以很多地方小商店都不收50美元或100美元的大钞。几乎所有银行的ATM柜员机也只准备20美元的钞票。除非你去逛跳蚤市场或是有什么特殊需求，其他时候你大可以把大额钞票留在家里，或者干脆存进银行。你要是带了太多百元大钞的话，说不定会让人以为你打算购买毒品呢。

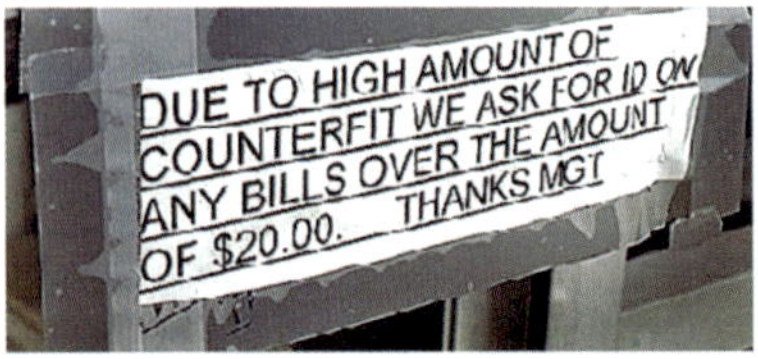

大面额钞票用起来很不方便

上图中左边这家商店要求你使用 20 美元以上的钞票（也就是 50 或 100 美元）的时候同时出示身份证件。而右边的商店则直接表示不收大钞。很多初到美国的华人往往习惯兜里揣着一些百元大钞，结果却经常买不到东西，反而容易被小偷强盗盯上。

当然，随身带一些现金很多时候还是很有用的。在大部分的快餐店、商店和超级市场，他们虽然不喜欢大钞，但还是接受的。有些商店也备有验钞笔，还有些经常接触现金的地方也有验钞机（尽管不如中国普及）。有些地方也是不得不使用现金。比如去跳蚤市场、二手货摊、城市街头的餐车和零食摊，由于卖的人要么不是专门的商店，要么不愿意缴纳信用卡的手续费，所以他们都喜欢收现金。但为了防止假钞，他们一般也不愿意接受 50 美元或 100 美元的大钞，而且他们卖的东西的价值一般也不会那么高。

如何用银行卡在美国取现

用银行卡（包括借记卡和信用卡）取现是美国人获得现金的最主要的方法。拿着你的银行卡，到任何一台 ATM 机上都可以取出现金。这个跟中国基本相同，但在细节上要注意的是：银行里面的 ATM 一般是“先插卡，再命令操作，后吐卡”，而便利店或其他地方往往是“先插卡，再吐卡，后进行命令操作”。有时要是连续进行好几个操作，可能要输入若干次密码，或者插几次卡。这样做主要的原因还是为了保护用户的安全。

由于美国是一个移民国家，因此银行的客户说什么语言的都有。为了方便客户，大部分大银行的ATM机均安装有中文操作界面，你可以选择中文进行操作。

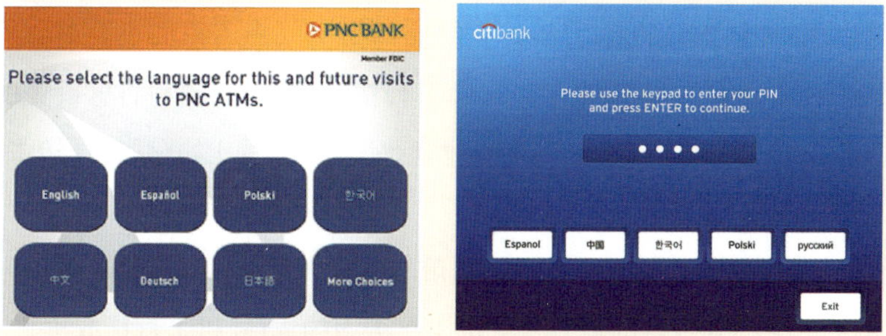

两种不同风格的ATM机语言选择界面

上图中左边是PNC银行，右边是花旗银行。你只要选择中文即可。根据主要客户群体的不同，有的银行的中文界面可能是繁体，有的银行的中文词汇可能与中国大陆使用的不太一致，但基本上都能猜个八九不离十。

如果你在你的银行卡开户行的ATM机上取款，一般没有手续费。但你要是去其他银行的机器上取现，有可能被收取两笔手续费。一笔是你的银行卡开户行收取的，另一笔是ATM机的银行收取的。参加一些银行的优惠活动有可能帮你省掉这些手续费。只要是同一家银行的ATM机，即使你跨州取现，也不会收取手续费。

几乎所有的ATM机都会设置单笔的取款上限，一般是300到800

美元之间。有的还会有单日的取款上限，一般是从几百到几千美元。

几乎所有的 ATM 机都只能取出 20 美元的纸钞。要获取其他面额纸钞则需要到柜台去办理。

借记卡取现是从你的银行账户里取钱出来。除了手续费之外，没有成本。但你要是用信用卡取现，相当于向银行借钱，因此除了手续费之外，还要被收取利息。若是还款晚了，还会有滞纳金。因此我们建议不到万不得已，不要用信用卡取现。

ATM 机有不同的种类。有的比如街头或小店里的很简单，只能查账和取钱。而有的比如花旗银行在一些 7–11 便利店里设置的大型 ATM 机则可以基本取代当地营业厅的服务，比如存取款、转账、缴费等。

现在中国有很多银行发行双币卡甚至多币卡。在双币卡的美元账户上上存入足够的美元，就可以在美国的 ATM 机上直接取出来。

接受银联卡的 ATM 机

即使你没有美元账户，用中国的银行发行的银联卡直接取现也是一个非常方便的办法，而且往往比在机场或旅游景点的货币兑换处要方便实惠得多。现在银联跟美国的大部分银行都有合作，据说美国 90% 的 ATM 机都可以用银联取现。有些机器上面直接就有银联的标志，而有些则采用维萨卡（VISA）的通道。即使没有银联标识，只要看见 Pulse 或 STAR 标识的机器也可以。即使没看见这些标识，也可以插卡试用，不行的话取回你的卡就行了。中国银联也特别为中国持卡人设置了美国服务专线 866-567-5516，提供 24 小时中文咨询服务。有些中国的银行跟美国的银行还有些其他合作，在其他的网络（Visa、Mastercard、American Express 等）上也可以取款。如果你的中国银行账户是人民币，那么取出的美元则按当时的市场汇率直接转换成人民币金额，并由发卡银行即时记入持卡人的人民币账户。同样，你的发卡行可能会收取手续费，而 ATM 机所属的银行也会收取 ATM 机服务费（1.5 美元到 5 美元不等）。另外你的发卡银行可能对你每笔或每天的取款金额有限制。而有些 ATM 机也会设置单笔的取款上限，一般是几百美元。这时候你可以分几次取款，只要不超过每天的上限就行。

当 ATM 机发生故障，持卡人操作失误或忘记取卡时，ATM 机可能会吞没卡片。吞卡后，自吞卡次日起 3 日内（遇节假日顺延），请持有效证件（如护照）到吞卡 ATM 所属网点办理领卡手续。3 日内未按规定领卡，卡片将被销毁 。

据笔者所知，现阶段使用华夏银行或招商银行的储蓄卡不收海外 ATM 手续费。有些银行的 VIP 成员也免收该费用。具体情况请向你的发卡行查询。另外，如果是在中国建设银行办理理财卡，在美国的美洲银行（Bank of American, BOA）的 ATM 机上取款也不收取手续费。

怎么使用支票

尽管信用卡和各种电子或移动支付在蓬勃发展，但在美国使用个人支票付款仍旧非常流行，尤其是在支付服务类的账单时，很多公司仍然愿意接受支票。对于常驻美国的人来说，使用或接受个人或公司支票仍然是生活中的一门必修课。

在中国，支票一般都是在对公的场合才使用。而在美国，支票却没有那么高大上，反而是年龄越大的人用得越多。其实一张支票可以看作是一张给收件人的条子，告诉他你保证会支付一笔钱，而钱的多少就写在这张条子上。为了让他相信你，你在这张条子上印上你的银行信息，在上面签上你的名字。要是在商店付款的话，你有时还要再给售货员看一下你的身份证件。收款人拿着这张支票到他们的银行去存起来，之后他们的银行再跟你的银行联系，从你的账户里把那笔钱取走，放到收款人的账户里去。这个过程一般要花上两三天的时间。因为你拿到东西之后两三天，商店才把钱取走。所以，有人把支票看作收款人对你的一个小小的借款。

下面是一个典型的支票样本。

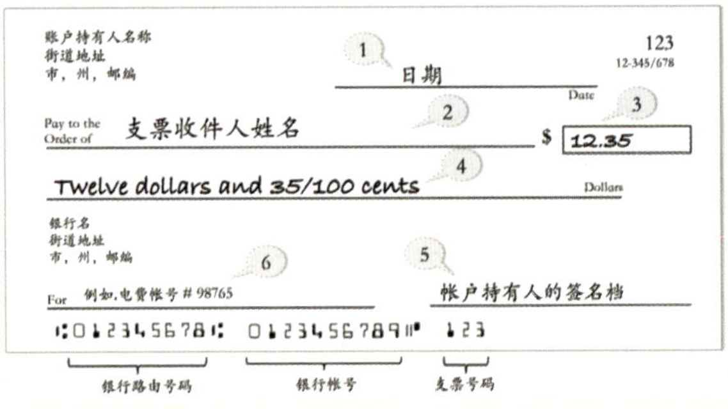

典型的支票样本

路由号码（Bank Routing Number）是在交易中用于识别各个金融机构的 9 位数字。在美国是由美国银行家协会（ABA）来分配。这个号码用来标识钱从哪家金融机构取出来。路由号码有时又被称为“支票路由号码”“ABA 账号”或“路由过境号码”（RTN）。

路由号码总是在支票的左下方，是支票底部数字行的第一组数字。

银行账户号码（Bank account number）是指定给你的个人账户的 10 到 12 位数字。它总是印在支票底部银行路由号码的右边，是第二组数字。您也可以在你的银行月结单上找到你的账户号码。

支票号码（Check number）是印在支票的右上角的数字，并同时印在支票的底部数字行银行账号的右边。支票号码可以帮你查到你写了多少支票。

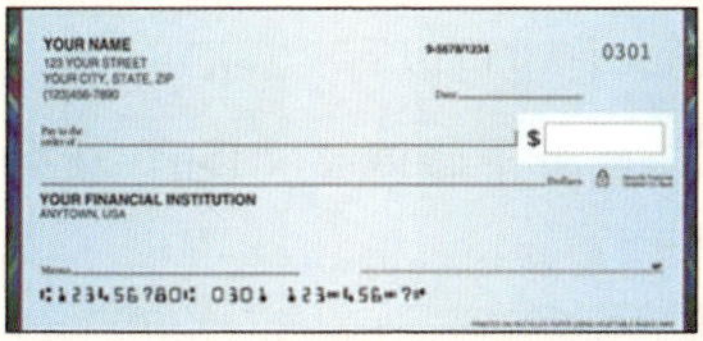

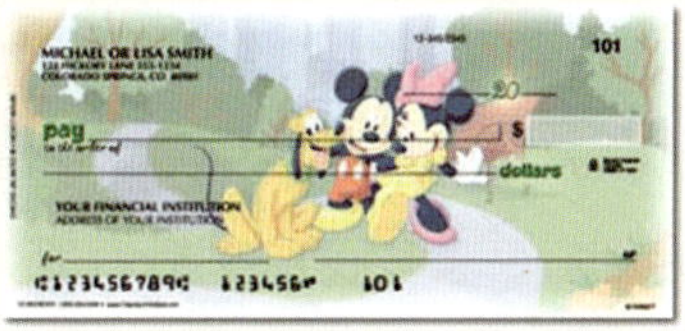

一般你在银行开支票账户的时候都能拿到一小摞支票够你用几个月的。但需要更多的话，除了去银行之外，还可以自己找支票印刷公司购买，既便宜又快速，还可以有多重个性花样可供选择。可惜的是现在由于电子付账的快速发展，支票印刷业务也渐渐式微了。

写支票的步骤

- 在日期线上写明日期。
- 在“Pay to the Order of”右边的横线上写下你要付给钱的个人或公司的名称。写之前要确认你的信息正确，否则对方有可能拿不到钱。
- 如果收款方是个人，要把姓和名都写上。
- 如果收款方是某公司或机构，要把他们的全称都写上，最好不要写简称。

● 你也可以写付给现金，但要小心，因为这意味着谁都可以拿着这张支票去取出现金。

● 在美元符号（$）右边的横线上写上你要支付的钱数。比如，你要支付 12.35 美元，就写上“12.35”。

● 把支付金额的数目用大写写在“Pay to the Order of”下面的横线上。如果数目里有零钱的话，一定要把零钱数也写上。如果是个整数的话，在最后要写上“even”，这样别人就不能在后面添加数字了。比如，如果金额是 12.35，那你就写“Twelve dollars and 35 cents”。如果数目是整数的话，你也可以写“Ten dollars and 0/100 cents”或“Ten dollars even”，或者干脆就是“Ten”然后在字后面画一条长线直到横线的尽头。

● 在支票右下角的横线上签名。如果签名不对或者没有签名的话，收款人将无法从银行取出钱来。

● 左下角写上这次付款的原因。比如，你要是付水电费的话，就写上水电费账户的号码。

电子支票是什么

过去当你需要支付给一个管道工劳务费时，美国传统的办法是付现金或支票：拿出支票本，填上数目、名字，签字，然后撕下来，交给对方。在如今电子化的时代，你可以登录到计算机上，指示银行到时打印支票并邮寄给管道工。或者更方便的方法是，可以登录到自己的智能手机软件，用手机银行发布指令来完成。那么，通过银行打印支票与手写支票具有相同的格式吗？答案是肯定的。

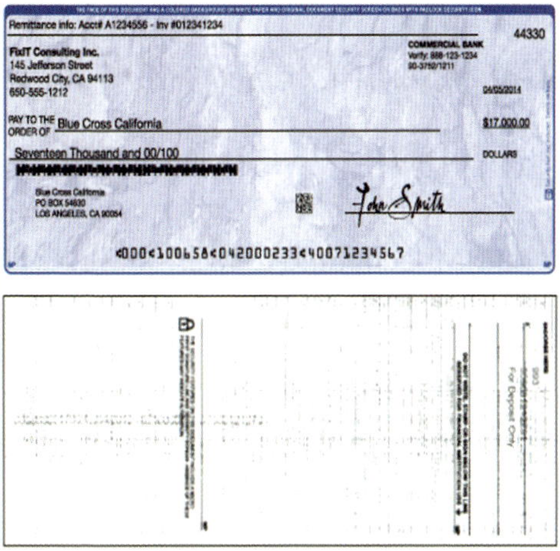

电子支票有哪些元素?

电子支票和前面讲的印刷支票元素一样。因为都是 UCC（美国统一商法典）规定的。在一张支票账户的支票上，银行会自动印上以下信息。

- 左上角有账户持有人的姓名、地址（包括街道、县市、州的详细名称和具体的邮编号码）。
- 中间是支票收件人的姓名和付款额度，分阿拉伯数据和文字说明。
- 左中下位置有银行名称，设置账户的分支机构的名称，县市、州的名称。此外，银行的电话号码、银行网站地址或银行的电子邮件地址也可能会出现在这里。
- 支票的右上角和底部有支票号码。
- 右下角有账户持有人的签名。
- 在 MICR 领域的银行路由号码和银行账号。

现在很多人都选择使用电子支票来支付账单，因为这既减少了写支票的麻烦，还可以省去购买信封邮票的费用。

要使用电子支票付账，你首先要有一个银行的网上账户。登录以后一般你都能看到一个叫做付款的选项，英文名是”Bill Pay”或者“Pay bills”或者“Online Bill Payment”。下面我们以花旗银行为例简单介绍一下步骤。

首先，登录网上银行。

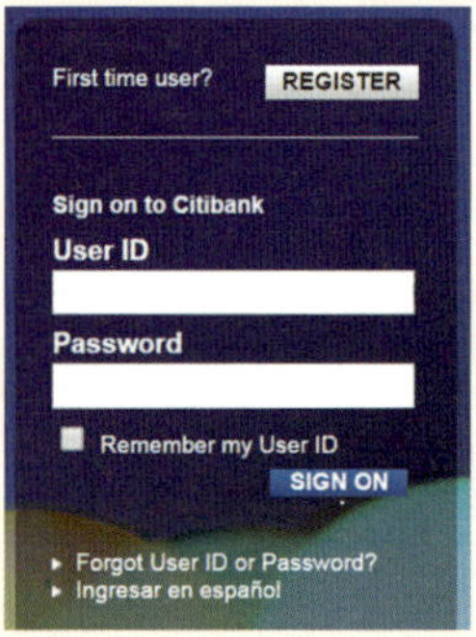

点击“Payments & Transfers”，找到“Add a Payee”，开始设置添加收款人。

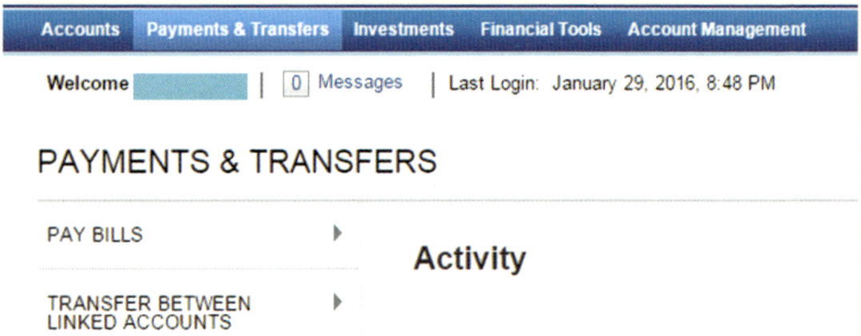

填写收款人信息。有的收款人比如信用卡公司或者水电煤气公

司，它们的信息早就存在银行的数据库里，因此你只要选择就可以了。而有的收款人比如小公司或个人，就需要你自己把他们的姓名、地址等信息输入进去。最后别忘了点击确认。

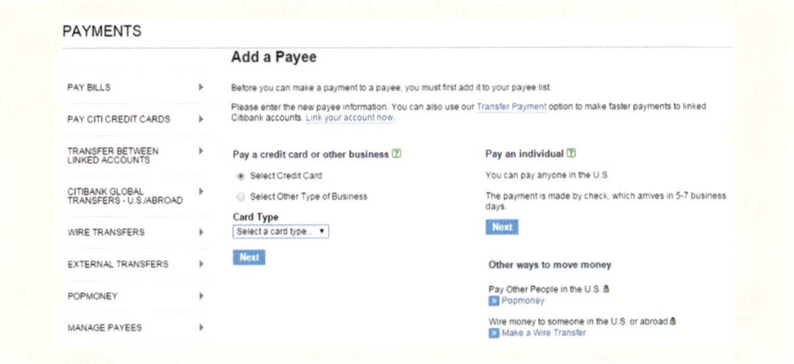

需要付账的时候，来到同一个页面。这时候你需要点击的是"Pay Bills"。所有收款人都会被列举出来，找到你要支付的收款人，输入想要支付的款额和日期，再点击确认就可以了。对于水电费，你需要每次都输入不同的数目。但对于房租或汽车贷款，你每月付款的日期和金额都一样，可以设定每月定时定量自动付款。这样你就不用担心因为工作学习繁忙或者出门度假忘了付款了。

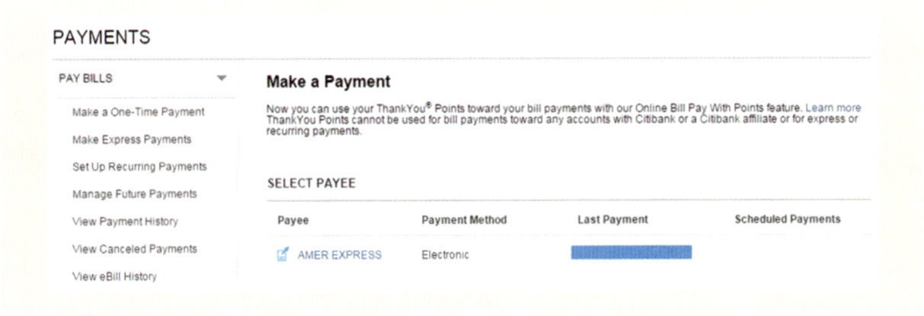

如何进行转账

在中国，大家都很习惯用银行卡在 ATM 机上进行转账。但在美国这种转账方法却非常不流行，甚至很多 ATM 机都没有转账功能。大家要么写支票，要么进行网上转账。下面就以 TD Bank 为例，介绍一下怎么进行网上转账。网上转账分两种，一种是同行转账，一种是跨行转账。首先说同行转账。

登录网上银行，选择转账的界面。

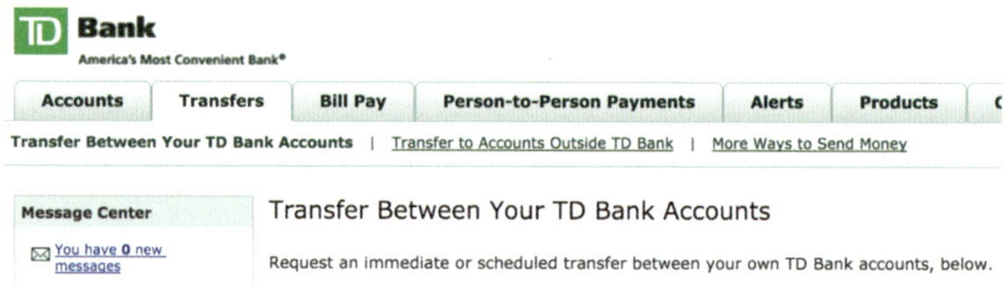

输入转账的信息，比如金额（Amount）、转出的账户（From）、转入的账户（To）、转账的日期等。如果是每月都要进行的，比如把储蓄账户拨入支票账户，还可以设上频率（Frequency）。

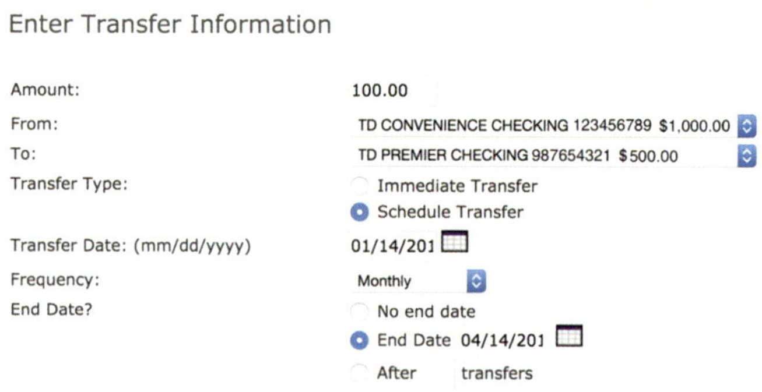

最后检查一下是否有错误，之后就可以提交了。

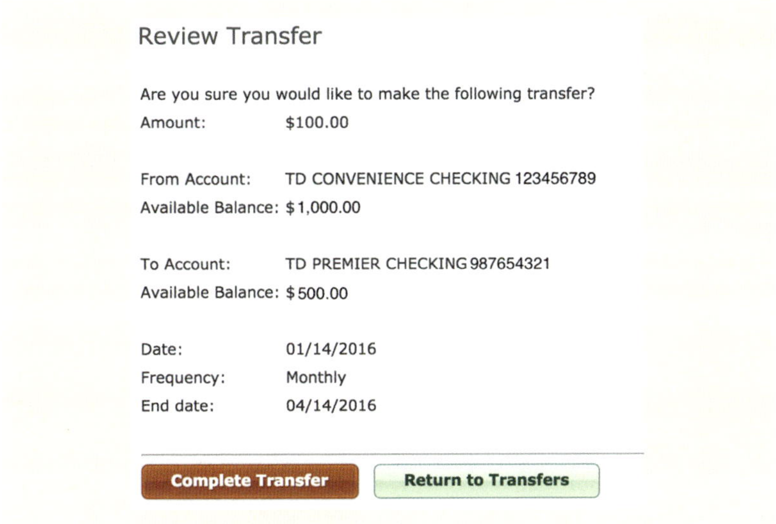

跨行转账与上面的同银行转账非常类似。首先也要登录网上银行，但是要选择跨行转账的界面。之后也要输入相关的信息。所不同的是，你需要事先为收款人建立一个账户，经过验证后才能开始转账。或许这为你带来一点点的麻烦，但因此减少了很多诈骗行为或转错人的现象。另外，跨行转账往往也会产生收费。

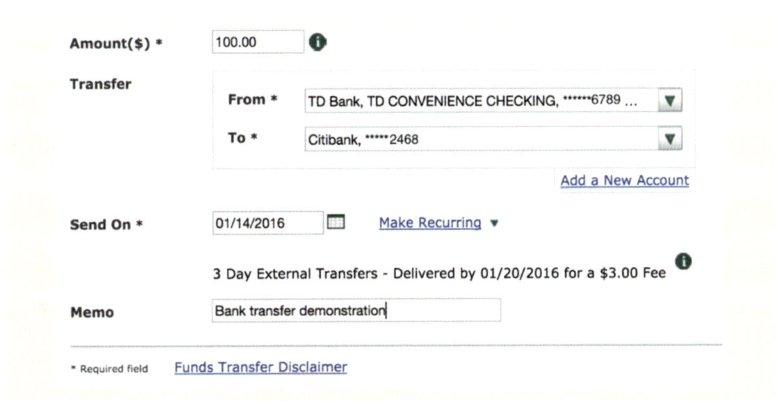

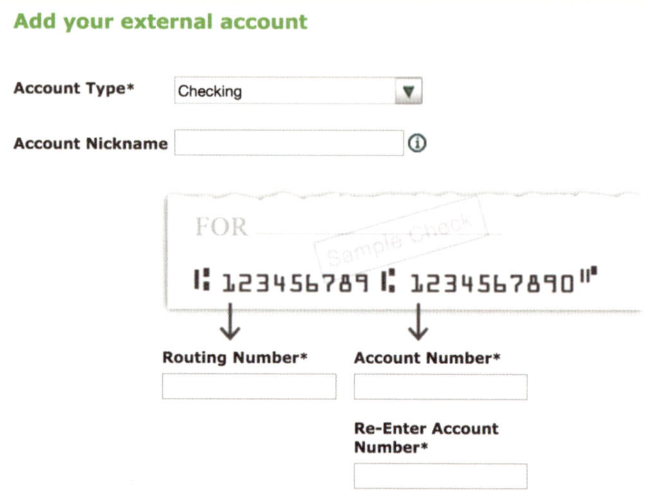

网上跨行转账

这是一个典型的添加跨行转账户头的界面。注意：你需要对方银行的路由号码和对方银行账户的账号。

汇票和现金支票是什么

由于支票的兑付需要几天的时间，这就给一些不法分子以可乘之机。比如说，有人会当面开张支票，但回头告诉银行拒付。或者即使银行账户里只剩下 10 美元了，还给你开一张 1000 美元的支票。等你拿着支票到银行兑付的时候，不仅拿不到钱，还可能被收取手续费。所以，有很多场合，比如租房子缴纳抵押金的时候，很多房东会拒绝收取个人支票。同时，由于收取信用卡或电子支付要有专门的设备，还要给支付处理公司缴纳手续费，所以很多人也不愿意使用信用卡收款。另外，为了防止雇员偷钱，或为了保护雇员免受抢劫犯的觊觎，还有不少公司也拒绝接受大额现金。那怎么付钱呢？

一张典型的西联汇款的汇票

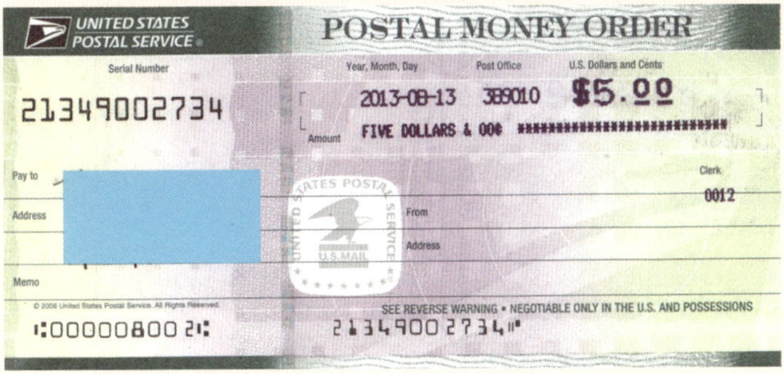

一张典型的美国邮局的汇票

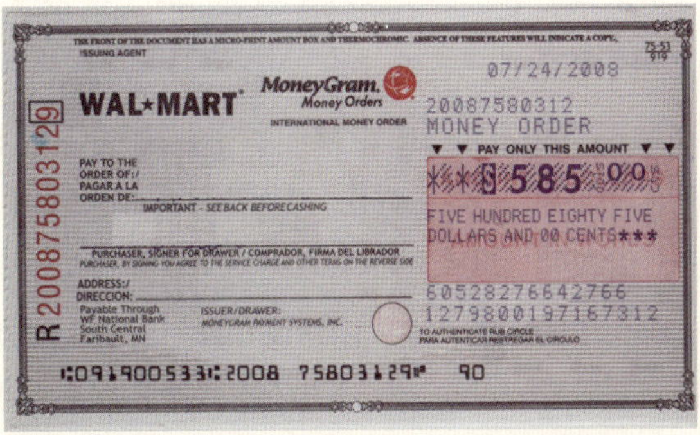

一张由沃尔玛发行的 MoneyGram 的汇票

这时候，你就可以使用汇票或现金支票。

汇票和现金支票可以看做是被银行或其他金融机构背书的支票。也就是说，当收款人拿到汇票或现金支票后，只要背后的银行或金融机构没有倒闭，他可以随时把它们换成现金而不用担心你的信用。而你呢，相当于找了一个银行给你做担保。当然了，你要为此支付一定的费用，那就是买汇票或现金支票的手续费。如果你用现金来买汇票，一般的手续费是几块钱。而如果你要是用信用卡来买，有的公司可能不卖，而另外的公司会收很高的手续费，同时信用卡公司还会收取很高的利息。为了防止洗钱，一般的公司都会对购买的额度设立一个上限，比如说 1000 美元。

汇票，英文名叫 Money Order，可以从很多地方来购买，比如超市、邮局、便利店、加油站、银行等。邮局和银行一般都发行自己的汇票，但其他商店里常见的就是 Western Union（西联汇款）或者 MoneyGram。

购买汇票的时候，有的公司会要你事先把收款人的姓名和地址都准备好告诉他们，这样他们就可以直接把这些信息打印在汇票上。而另外一些公司会把这些栏目留白，由你自己手写。对于后者我们要十分小心把汇票收好，因为它就像现金一样，无论是谁拿到它，都可以把它当钱使用。

现金支票在不同的公司有不同的名字，比如 Cashier's Check、Certified check 或者 Official check，但无论你跟柜台说哪一个名字，他们都能明白你说的意思。与汇票类似，现金支票是由银行来保证收款人能一定拿到这笔钱。如果你到银行去申请现金支票，银行会先从你的账户里把钱取出来，然后再给你开这张现金支票。现金支票跟汇票不同的是，因为是从你的银行账户里取钱，而不是用现金

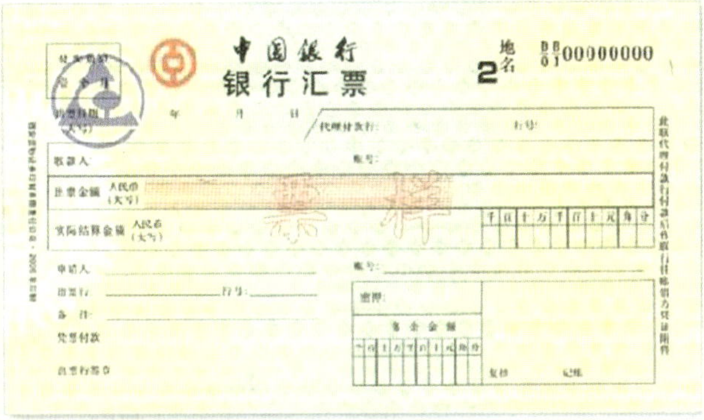

一张中国银行的中文汇票

来购买，所以不存在洗钱的问题。因此现金支票一般没有上限，只要你的银行账户里有那么多钱就可以。在美国现金支票最重要的用途就是用来付买房和买车时的首付。这样买方可以省去提着一大箱现金的麻烦，卖方也可以不用担心收不到钱。跟普通支票不同，你一旦买了现金支票，你账户上的钱马上就转走到了银行的账户里。所以大家往往都是等到需要用时才去开。

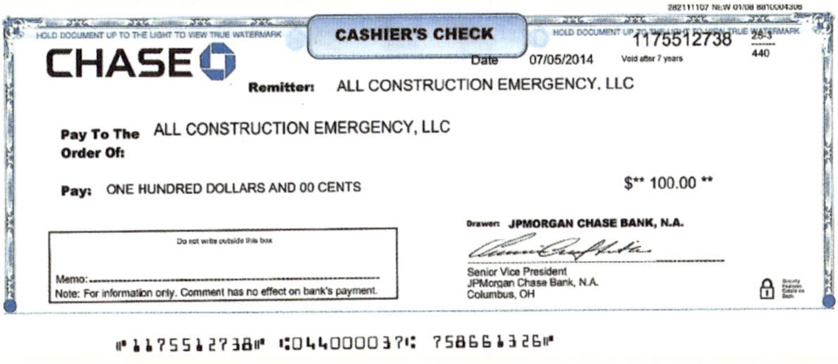

一张大通曼哈顿银行的现金支票

现金支票的样式与普通的个人支票差不多，所不同的是你事先需要提供收款人的姓名和金额，由银行来打印在支票上面。最后的签字也是银行职员的签字。有些银行可能会收取服务费，但大多数银行会向自己的客户免费提供现金支票。现金支票与普通支票不同的是，它的签名是银行职员的，而不是客户自己的。所有的信息也都是打印上去的，一旦印好就不能由客户自己更改了。所以一定要事先把名字地址等各种信息核对无误。

美国的信用卡是什么样的

由于借记卡和信用卡的使用方式差不多，我们就以信用卡为例，将它们放在一起介绍。我们使用信用卡之前，要先到各家银行申请。收到申请之后，银行根据我们的信用记录发信用卡。所以信用卡上一般都有发卡银行的商标或名字。此外，信用卡上还有其他的标志，例如美国运通、维萨卡、万事达卡等，这些都是信用卡网络的名称。

我们去商店或餐厅，商家会告诉你他们接受什么信用卡。他们往往会告诉你信用卡网络的名称，而不是发行卡的银行名称。其原因是发卡银行并不直接跟商家打交道。他们之间必须要经过信用卡网络。这个网络把商家的银行与客户的银行联系起来，帮助他们交换信息和资金。

虽然美国有成千上万的银行，全世界就更多，但只有几个信用卡的网络。在美国的四大信用卡网络是万事达（MasterCard）、维萨（VISA）、美国运通（American Express）和发现卡（Discover）。在美国之外，还有两个主要的信用卡网络：一个是大家熟悉的中国银联（CUP），另一个是日本信用局（JCB）。中国银联和维萨卡有合作关系。在中国，维萨卡结算走银联的通道，在国外银联走维萨卡的通道。但现在银联也在走国际化的道路，或许将来成为一个真正的国际通用的信用卡网络。他们的标识如下所示：

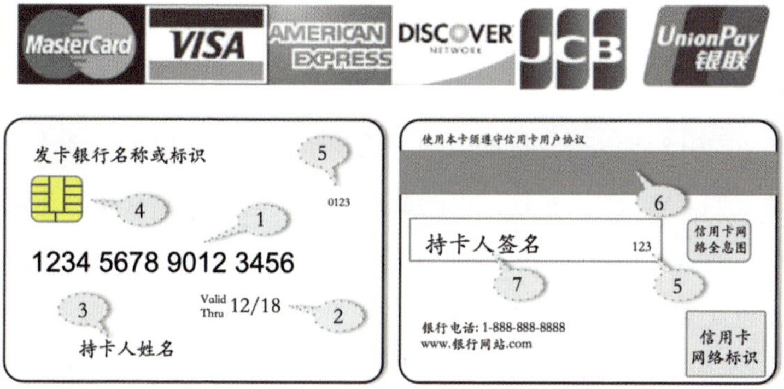

主要的信用卡网络和典型的信用卡样本

每张信用卡实际上就是一个数据的载体。这些数据有的是公开的，拿到信用卡就能看到。有些却是隐藏起来并进行了加密，只有通过特殊的读卡器才能读出来。下面我们列出来大部分信用卡都会有的内容。

在每一张信用卡上，你会看到一行数字。这就是这张信用卡的卡号。如果是美国运通卡，卡号有 15 位数。对于其他类型的卡，卡号有 16 位数字。信用卡卡号关联了你的账户，所以银行会知道谁花了钱，月底该向谁要账。美国运通公司给每张卡设置一个编号。即使你是一家人使用同一个账户，只要是不同的卡就有不同的卡号。而其他信用卡公司会给在同一账户下的所有卡设置相同的卡号。

卡号的下面，一般会印上这张信用卡的到期日期。就像你在杂货店买食品要看一下到期日，使用信用卡之前也要看一下“有效期”或“截止日期”，只有在这个日期之前才可以用这张信用卡。

如果你表现良好，信用卡公司一般会在截止日期前寄给你一张新的信用卡。

在信用卡正面的底部一般会印上这张卡的持有人的姓名。如果这张卡是一家公司的公务用信用卡，一般也会把公司名称印在持卡人的姓名后面。

在 2015 年以后发行的大部分信用卡上，都镶嵌了一个小小的芯片，叫 EMV 防伪芯片，也叫聪明芯片。它里面储存了持卡人的信息。而这些信息都经过了特殊的加密处理，只能通过读卡器来读取，以此来保护信用卡的安全。

为了防范信用卡诈骗，所有的信用卡网络都使用信用卡安全代码（CSC）, 有时也被称为信用卡验证值（CVV）或信用卡验证代码（CVC），来加强信用卡的安全性。万事达、维萨卡和发现卡都有一个三位数代码，称为卡验证码（CVC2）或信用卡验证值（CVV2）及卡会员 ID。它不像卡号一样在正面压花印刷，而是印在卡的背面签名栏后面。美国运通卡上则是一个四位数代码，印在卡号的右上方，被称为"CID"，或卡识别号码的前侧的四位代码。

信用卡的背面有一个磁条。它的作用是存储持卡人的信息。商店里一般都有一个信用卡读卡机来读取这个磁条，然后将读出来的信息发送给信用卡网络来进行付款操作。不要把磁条靠近强磁场，否则，磁条里所存储的信息可能被损坏，导致该卡无法使用。

磁条的下面是签名栏。当你收到一张新信用卡之后，首先要做的就是在签名栏上签字。许多商店的售货员都要对照一下信用卡上的签名和小票上的签名，以确保该卡没有被冒用。

申请与选购信用卡时应注意什么

申请信用卡现在一般都是在网上申请。看到某家信用卡的广告之后，找到相应的网站，填上个人资料，一般几分钟之内就能告诉你结果。如果申请成功的话，几天之后新的信用卡就会寄到你的家里。在学校里，也经常会有信用卡公司的人设点推销他们的信用卡。

如果你在银行有账户，他们往往也会问你要不要申请那家银行的信用卡。对于初到美国的人来说，这个途径往往比较容易获得通过。

在很多商店，不管是网上商店还是实体商店，在你付账的时候，售货员或者网络界面经常会问你是否要申请他们的信用卡。比如像梅西百货商店，如果你申请他们的信用卡，当天购买的商品就可能获得 10% 或者 20% 的折扣。又比如 Amazon.com 常年在它的网络购物车旁边放上一个信用卡的广告，如果申请它的信用卡，根据你申请的时间，就能获得 40 到 70 美元不等的优惠。

现在的信用卡非常容易申请，有时都到了泛滥的程度。作为消费者，我们一是要选择适合自己的信用卡，二是要有限度地使用信用卡。让信用卡成为自己的工具，而不是反过来成为信用卡公司赚钱的工具。

选购信用卡时应该考虑哪些问题？

在申请和选购信用卡前，我们需要了解一些相关的信息，有些信息可以在银行或信用卡网站或宣传册上找到，而有些必须从分支银行拿到。下面是一张典型的信用卡申请表。

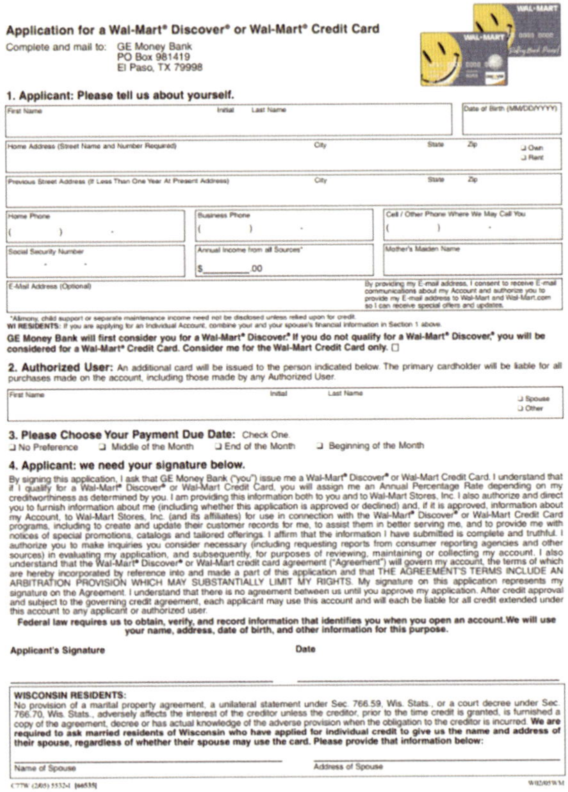

Application for a Wal-Mart® Discover® or Wal-Mart® Credit Card

Complete and mail to: GE Money Bank
PO Box 981419
El Paso, TX 79998

1. Applicant: Please tell us about yourself.

First Name | Initial | Last Name | Date of Birth (MM/DD/YYYY)

Home Address (Street Name and Number Required) | City | State | Zip | ❑ Own ❑ Rent

Previous Street Address (If Less Than One Year At Present Address) | City | State | Zip

Home Phone ( ) - | Business Phone ( ) - | Cell / Other Phone Where We May Call You ( ) -

Social Security Number - - | Annual Income from all Sources* $______.00 | Mother's Maiden Name

E-Mail Address (Optional) | By providing my E-mail address, I consent to receive E-mail communications about my Account and authorize you to provide my E-mail address to Wal-Mart and Wal-Mart.com so I can receive special offers and updates.

*Alimony, child support or separate maintenance income need not be disclosed unless relied upon for credit.
WI RESIDENTS: If you are applying for an Individual Account, combine your and your spouse's financial information in Section 1 above.

GE Money Bank will first consider you for a Wal-Mart® Discover.® If you do not qualify for a Wal-Mart® Discover,® you will be considered for a Wal-Mart® Credit Card. Consider me for the Wal-Mart Credit Card only. ☐

2. Authorized User: An additional card will be issued to the person indicated below. The primary cardholder will be liable for all purchases made on the account, including those made by any Authorized User.

First Name | Initial | Last Name | ❑ Spouse ❑ Other

3. Please Choose Your Payment Due Date: Check One.
❑ No Preference ❑ Middle of the Month ❑ End of the Month ❑ Beginning of the Month

4. Applicant: we need your signature below.

By signing this application, I ask that GE Money Bank ("you") issue me a Wal-Mart® Discover® or Wal-Mart Credit Card. I understand that if I qualify for a Wal-Mart® Discover® or Wal-Mart Credit Card, you will assign me an Annual Percentage Rate depending on my creditworthiness as determined by you. I am providing this information both to you and to Wal-Mart Stores, Inc. I also authorize and direct you to furnish information about me (including whether this application is approved or declined) and, if it is approved, information about my Account, to Wal-Mart Stores, Inc. (and its affiliates) for use in connection with the Wal-Mart® Discover® or Wal-Mart Credit Card programs, including to create and update their customer records for me, to assist them in better serving me, and to provide me with notices of special promotions, catalogs and tailored offerings. I affirm that the information I have submitted is complete and truthful. I authorize you to make inquiries you consider necessary (including requesting reports from consumer reporting agencies and other sources) in evaluating my application, and subsequently, for purposes of reviewing, maintaining or collecting my account. I also understand that the Wal-Mart® Discover® or Wal-Mart credit card agreement ("Agreement") will govern my account, the terms of which are hereby incorporated by reference into and made a part of this application and that THE AGREEMENT'S TERMS INCLUDE AN ARBITRATION PROVISION WHICH MAY SUBSTANTIALLY LIMIT MY RIGHTS. My signature on this application represents my signature on the Agreement. I understand that there is no agreement between us until you approve my application. After credit approval and subject to the governing credit agreement, each applicant may use this account and will each be liable for all credit extended under this account to any applicant or authorized user.

Federal law requires us to obtain, verify, and record information that identifies you when you open an account. We will use your name, address, date of birth, and other information for this purpose.

Applicant's Signature **Date**

WISCONSIN RESIDENTS:
No provision of a marital property agreement, a unilateral statement under Sec. 766.59, Wis. Stats., or a court decree under Sec. 766.70, Wis. Stats., adversely affects the interest of the creditor unless the creditor, prior to the time credit is granted, is furnished a copy of the agreement, decree or has actual knowledge of the adverse provision when the obligation to the creditor is incurred. **We are required to ask married residents of Wisconsin who have applied for individual credit to give us the name and address of their spouse, regardless of whether their spouse may use the card. Please provide that information below:**

Name of Spouse | Address of Spouse

C77W (2/05) 55324 [66535] WI02/05WM

一张典型的信用卡申请表

在申请和选购信用卡时，我们需要考虑以下几个方面的问题：

年费（Annul Fee）。你可以免费使用这张信用卡，可是每年都要交年费。普通信用卡一般都免年费，但有的金卡、白金卡或福利非常好的卡会有年费。年费金额从几十到几百美元不等。

年利率（APR）。这是使用信用卡的借贷成本。诚实借贷法要求贷款人必须提供 APR。很多信用卡的头一两年都会给一个优惠利率，比如 1.99%。但一旦你有过期不还款的现象，这个优惠利率就会转化为惩罚利率，而且会比原来的优惠利率要高，比如 19.99%，甚至 29.99%。

最低还款额（Minimum Due）。这是账户到期日所需支付的最少金额。但如果你只付最低还款额的话，可能要花几年的时间才能还清信用卡债务。

宽限期（Grace Period）。如果每个月你在账户到期日之前就把账上的余额都付清了，就不用交利息。实际上你是免费使用了信用卡公司的资金。

信用额度（Credit Limit）。信用额度是指这张信用卡最多能花多少钱。如果超出信用额度，信用卡公司会拒付。你也可以随时还款来保证自己有充足的信用额度。

财务费用（Fines and interests）。一般包括利息和罚款。

奖励和回扣（Reward and rebate）。为了鼓励你使用某家银行的信用卡，他们往往会给你一些奖励，比如计点来换取礼品和飞行里程，或者提供一些免费的晚会演唱会的门票，有的则直接提取 1% 的现金回扣还给你。下面举几个例子。

花旗（Citibank）提供的 Double Cash（双现金）信用卡，在你使用时所有的花销有 1% 的回扣，到月底结账时账户余额的 1% 也作为回扣。这样你总共就能拿到 2% 的回扣。当然他们的目的是希

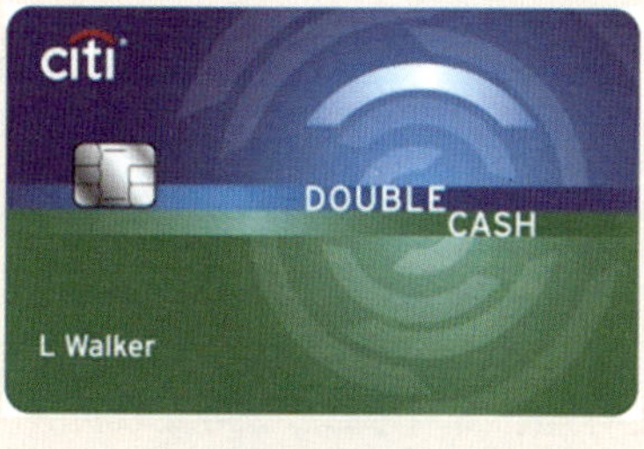

花旗银行的信用卡

望你不要付清，每个月都有很多的信用卡余额，这样他们就能收取更多的利息。与1%的回扣相比，利息率可要高多了。

大通银行（Chase）和美联航共同发行的信用卡，你每花1美元，就赠送你美联航的1英里里程。你可以拿这些里程去换飞机票。对于经常旅行的人，他们还提供免费的行李托运服务以及机场贵宾室的门票。不过，作为获得这些好处的代价，你要每年付95美元的年费。

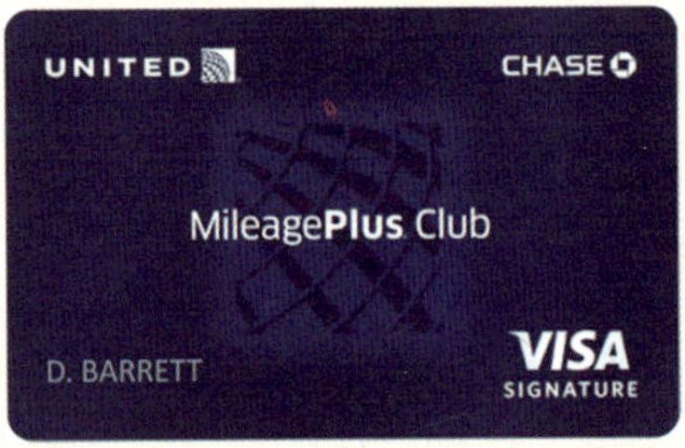

大通和美联航共同发行的信用卡

美国运通公司（American Express）的黑卡（Centurion Card或俗称Black Card），据说是信用卡界最高级的，用钛合金制造，开通费5000美元，年费2500美元。还不接受申请，要拿到它只能等着运通公司邀请。要是一年消费低于25万美元，还可能被取消用卡权。有了这张卡，你会自动成为若干家航空公司和旅馆的顶级会员。一旦成为他们的顶级会员，他们就成了你娱乐享受的管家。要是你想买某个热门演唱会的前排门票，或预定高级餐馆的座位，找他们一定没问题。据说某年，前总统老布什在一家餐馆举办生日宴会，发现一个临窗的好座位被单独留出来给别人了。老布什奇怪为什么他的宴会还会有座位拿不到，一问发现原来是被某个黑卡用户订走了。前总统也没办法，只有徒唤奈之若何。

美国运通公司的黑卡

借记卡和信用卡的区别是什么

借记卡和信用卡在很多方面都非常相似：

- 都有相同的型式，即都是塑料卡片，上面有芯片或磁条；
- 上面都有银行或信用卡公司的标志；
- 都有卡号、姓名和到期日期；
- 在任何接受信用卡的地方都可以使用；
- 都易于追踪你的消费行为，比如在何时何地花了多少钱甚至买了多少东西都可以查到；
- 使用起来都很方便，便于随身携带。

然而，它们在资金来源上的不同，导致这两种卡之间有本质的区别。

借记卡

借记卡直接从你的银行账户把钱划走。如果你的银行账户里没有足够的钱，你就无法用这张借记卡买东西。试想一下，有一个店只接受现金，你手上只有一张借记卡怎么办？好在街角就有一台ATM自动柜员机。那么你就可以到ATM上从你的银行账户取出现金，然后再到商店里用现金支付来买东西。如果商店接受你的借记卡，那他们相当于帮助你把两个步骤合二为一，让你少跑一段路。商店用读卡器通过读取你的借记卡上的信息，直接从你的银行账户划走你需要支付的金额。而你就像使用ATM一样，输入密码或签字确认。二者的区别仅仅在于：ATM是在街角，而信用卡读卡器就在商店里面；你可以支付要买的商品的确切金额，而不用找零；还不必自己接触现金。

更具体一点，当你刷卡购物时，你刷一下卡，随后按密码或签字，就完成了交易，看起来很简单，但在后台却牵涉了好几个部门，经历了好几个复杂的步骤：

你在读卡器上刷卡。读卡器读取存储在借记卡磁条上的个人信息。如果你的卡上配备了EMV防伪芯片，你可能需要把卡片插入读卡器，让读卡器读取存储在芯片卡上的信息。为了防止欺诈行为的发生，很多卡让你设立一个4到6位数的密码，每次使用借记卡时都要输入这个密码。

读卡器连接的电脑把你的账户信息和这次购买的支付请求，通过电话线路或互联网，发送到相应的借记卡网络的处理中心。

借记卡处理中心将首先与你的银行联系。银行会检查你在银行的存款余额够不够来支付这笔款项，并告诉信用卡网络处理中心。

如果够的话，再经过你的确认，处理中心就把这笔钱从你的银行划到商家的银行。如果你在银行账户里的钱不够，处理中心就拒绝支付。这时候，你要么放弃购买，要么换另一种方式来付账。

信用卡

当你使用信用卡时，你实际上是从信用卡公司获得临时贷款。也就是说你没有在你的信用卡公司（也称为发卡银行）存款。在前面我们说过，信用卡和借记卡的使用方法是完全一样的，所不同的是上述后台处理中的第三步。当信用卡网络联系你的发卡银行时，发卡银行手里并没有你的钱，相反，他们自己需要准备一笔钱来帮你垫付，也就是说他们需要先借给你钱。但他们不是随便借给你，也不是你要多少就借多少。他们将基于你的信用记录、账户历史记录、购买价格，以及各种关于你的其他信息进行快速分析。由于采用了许多复杂的数学模型和先进的大型电脑设备，他们一般可以在不到一秒钟内就做出决定。

如果答案是肯定的，他们会借给你跟这次购买总价相同数目的钱。当然这笔钱不会放到你的手里，而是通过信用卡网络从发卡银行转移到商家的银行账户以用来支付此项交易。请注意，到现在为止你用来买东西的这笔钱不是你的，而是你从发卡银行借的。银行会等着你很快把钱还给他们。

如果答案是否定的，那么你的卡被拒绝了。这意味着你的发卡行经过分析后觉得你很可能还不上这笔钱，因此不打算再借给你了。这时你要么放弃购买，要么尝试换另一种方法来支付，比如用现金或另一张信用卡。一个常见的拒绝原因是超过了信用额度，也就是信用卡公司肯借给你的最高金额。一旦你的总贷款（购买 + 利息 + 手续费）积累达到或超过这个信用额度，那么他们将拒绝再向你贷款，你也就不能再使用这张卡了。比如你在一个信用卡账户上的信用额度是 5000 元，本月已经花了 4950 元。你想再用它买一件 100

元的衣服，你就会因为超过信用额度而被拒绝。直到当你向他们付了账，把你的贷款总额减少，你才可以继续用这张信用卡购物。

每个月你都会收到来自信用卡公司的账单。账单会告诉你欠款的数额，以及还款的截止日期。它通常会附带一张你何时何地花了多少钱的明细表。你只要在截止日期之前，付清全部费用，你就不用付利息。因此这段从信用卡公司发出账单到截止日期之间的时间被称作宽限期（大部分是一个月），但是，如果你不能支付全部欠账，你就要交利息，利息率有时可高达19.99%，甚至29.99%。如果你错过了截止日期，也就是账单付晚了，你也将被收取从15到50美元不等的滞纳金。

信用卡被普遍认为是一个相对“容易”获得的贷款。只要你的信用额度被批准了，你就可以开始借钱。一般来说，只要在你的信用额度之内，你需要买东西的时候可以随时贷款而且一般都会在几秒钟之内被批准，而且不像买房买车那样需要问东问西填一大堆表格。但是，因为你是借钱消费买东西，就非常容易过度消费，也就是消费超出你能负担得起的水平。如果你不能按月把账付清，就要支付高额的利息。在某些情况下，利息累加起来可能比你买东西花的钱更多。

有人可能会问，那为什么信用卡公司会那么好心借钱给你花，而且按月还清的话还不收利息？那他们岂不是亏大了？可是到处还看到他们的广告啊。不用替他们担心，信用卡公司非常精明，他们的收入主要有以下几个来源。

从商家收取手续费。每次用信用卡买东西，信用卡公司都要扣掉一定的手续费（通常是一个固定的基础数目加一个按照交易额百分比计算的浮动数目）。当然，商家因为接收信用卡从而做成了生意，也减少了使用现金所带来的很多不便。所以你可以看到信用卡公司都是鼓励你多多消费。因为你花得越多，他们收到的手续费也就越多。有时候，有些非营利单位像税务局和水电公司也接受信用卡，但要额外收费，就是因为他们要付给信用卡公司手续费。

从持卡人手里收取利息和各种费用。一旦你还不上钱，除了高额的利息之外，你还要面对一项项其他不同的费用。

推销金融产品获取收益。收集你的消费信息和消费习惯，然后卖给相应的商家，或者根据你的习惯，向你推销各种金融产品，从而从中获得收益。

怎么保证信用卡公司对你公平

一旦你有一张信用卡，公平信用结账法就会保护你免受可能的不准确计费和收费的伤害。在一定的条件下，根据该法，如有未经授权的消费，持卡人只负责最多 50 美元责任。超出的损失是发卡机构的责任。前提是：您订购了某种商品，但从未收到；产品和服务的质量不能接受，或没有享受到原来的服务承诺；双重收费和其他不合理费用。

事实上这部法律对持卡人的保护力度非常大。我们推荐消费者用信用卡支付贵重的商品，因为有消费者权益保护法对信用卡使用者提供保护。笔者就用这部法律，成功地与信用卡公司争论，要回了 1000 美元被骗的信用卡花费。

信用卡法案是另一部最新的保护消费者使用信用卡的信贷法。它的全名是《信用卡计算、责任和信息披露法案》。该法案很长，条目和细节很多。这里仅仅给大家列出其中的几大亮点：

- 只要你及时付款，和原来一样，对现有的贷款余额，支付利息率不能提高；

- 可以选择不接受信用卡利息率增加，有继续用原有条款还清你的债务的权利；
- 必须提前45天通知利息率，以及各项费用和财务费用的增加；
- 禁止重复计费。如果你按时支付，就没有双重利息。

在美国使用银联卡有什么注意事项

理论上，以“622”打头的银联标准卡在八成以上的美国商店都可以用，但实际情况是银联还需要做很多的工作才能真正做到像维萨和万事达那样通用。有时候可能是营业员不知道如何处理就拒收了。因此最好再准备一张非银联的卡以防万一。好消息是大的连锁商店，比如麦当劳、梅西百货等地方都接受银联卡。不接受银联卡的往往都是小商店。

在美国使用银联信用卡采用免验密码、签名验证的方式，目前境内已有15家主要银行（可在银联国际官网查询）开通密码免验业务，可直接在美受理，建议其他银行持卡人在赴美前联系发卡行取消密码，以便在美国使用。

双标卡在美国无法选择银联网络支付，建议携带并使用“62”开头的银联信用卡及借记卡，以确保享受银联网络的各项优惠和服务。

美国很多商户让持卡人自行刷卡，如使用银联信用卡，请选择“Credit”；如使用银联借记卡，请选择“Debit”。

美国的几个大银行，如美洲银行（Bank of America）、花旗银行（Citi）、摩根大通（Chase）和富国银行（Wells Fargo）以及一些华资银行中国银行、华美银行、国泰银行都是可以用银联卡取现的。其实不管哪个银行，你只要在 ATM 机器上看到银联标志（通常写着 Union Pay）的，都是可以取现的。

根据外管局最新要求，自 2016 年 1 月 1 日起，中国境内银联人民币卡每卡每年在境外累计取现不得超过等值 10 万元人民币。此举是为进一步加强境外反洗钱工作力度、防范金融风险。在此规定实施前，银联卡在境外取现，只有一个单日限制，没有年度总额的管理，即境外使用银联借记卡在 ATM 上取款，单卡每日累计取款不超过 1 万元人民币的等值外币。

无论是刷卡还是取现，使用的是美元，但在账户上记录的是人民币，汇率以银联当天发布的为准。迄今为止，使用或取现金额都不算在每年的 5 万美元兑换额度里面，但政府随时可能会改变政策。大家平时可留心关注相关方面的信息。

美国有哪些在线和移动支付

在线和移动支付可以说是现在最火的词汇了。比如传统的网上支付的 Paypal，现在移动支付的翘楚 iPhone 上 的 Apple Pay 和 安卓（Android）手机上的 Android Pay 或 Google Wallet。

虽然听起来很有科技感，但实际上就是把你的银行账户或信用卡跟你的在线或移动账户绑定在一起。这对于在中国用过支付宝或微信钱包的人来说，一点也不陌生。到美国，只是换了一个平台而已。另外，由于美国人大规模使用信用卡的历史比较悠久，信用卡公司的渠道和终端都比较普及，所以各种支付跟信用卡的联系更紧密一些。而在中国，由于近几年跳跃式的发展，在线和移动支付往往比较独立，跟银行卡的联系比跟信用卡的联系更多。但这不妨碍移动支付在两国之间的相似性。

简单来说，Palpal 就是美国的支付宝，使用起来也与早期的支付宝差不多。只是虽然支付宝早期是山寨 Paypal，但现在支付宝作为支付的平台，功能更加繁多。在这里告诉大家一个使用 Paypal 的窍门：要是你不习惯英文界面，可以迅速切换到中文界面。只要下拉菜单到底部，在右下角能找到一面小小的国旗，如果不是中国国旗，就可以点击进入到选择界面。在 Asia Pacific（亚太）栏下找到中国国旗或 China 点击就可以了。要是还是英文，在底部国旗旁边选择“简体中文”切换。另外，你也可以到苹果和安卓的应用商店下载手机的 Palpal App，使用起来也很方便。

而移动支付比如 iPhone 和 iWatch 的 Apple Pay, 以及安卓手机（Android）的 Android Pay 或 Google Wallet，实际上也是一个信用卡的集成界面，跟当前的手机支付宝和微信支付差不多。你把你的信用卡或银行账户的相关内容存到 Apple Pay 或 Google Wallet 里面。如果你的手机有近场连接（NFC）功能，那么付款时在新型的有像发射信号一样专门标志的 POS 机上点一下就可以了。当然为了安全，你可以选择输入一个密码来防止有人偷偷拿着你的手机买东西。在这里需要指出的是，与中国在移动支付中广泛使用扫码付账不同，

使用 Apple Pay 付账

在当前美国由于没有一家大公司在背后推动，因此只有不多的一些商店采用扫码付账这项技术。

上图中，左边是 Apple Pay 让你加入新的信用卡或借记卡的界面。右边是使用 Apple Pay 的范例。接受 Apply Pay 的 POS 机上都会有一个 NFC 非接触式付款的标志。标志图案是一个圆圈里面几个弧线组成发射信号的模样，旁边再有一只手。有的 POS 机上还专门有 Apple Pay 的图案。手机的界面上会显示你存的信用卡信息，选择你想用的卡来进行支付。

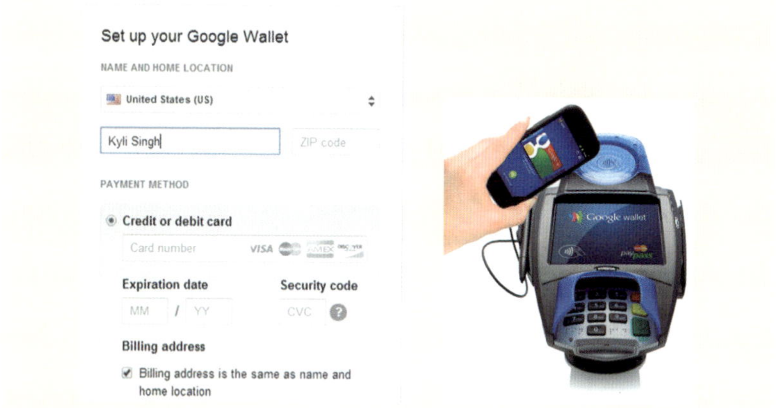

使用 Android Pay 或 Google Wallet 支付

上图中，左边是 Google Wallet 添加信用卡信息时的界面。右边是在拥有 NFC 功能的 POS 机上使用 Google Wallet 付款的演示。跟使用 Apple Pay 一样，POS 机上需要有 NFC 非接触支付功能的标志。有的机器还特别有 Google Wallet 的字样强调自己具有的功能。在手机上调用 Apple Pay 或 Google Wallet 功能，选择想要使用的信用卡或银行账户，输入密码，进行付账。Android Pay 可以看做是一个集成在安卓手机操作系统里面的不需要输密码的 Google Wallet。

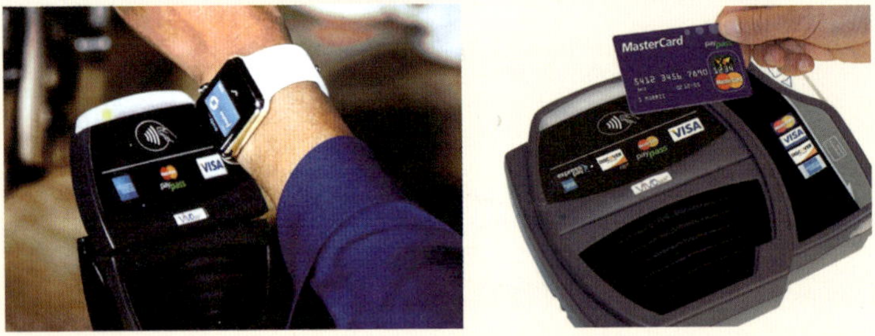

其他移动支付

移动支付是一个飞速发展的领域，各种新技术层出不穷。图的左边是用智能手表比如 iWatch 来付账，右边是用加装了 RFID 的信用卡在 NFC 非接触式 POS 机上直接读卡。

不同的支付方式有什么优缺点

我们知道，买东西可以采取许多不同的付款方式。选择哪一种，经常依赖于我们的个人喜好。这里我们列出各种付款方式的优缺点。

付款方式	优点	缺点
现金	可以马上付款交易； 没有利息或额外开销； 有多少花多少； 不会留下痕迹。	只能当面付账； 大额付款不容易携带和清点； 钱可能会丢； 不能证明你付过钱； 经常不能在其他国家使用。

续表

付款方式	优点	缺点
支票	丢失了可以重新写一张； 能够邮寄付款； 可以用来支付大额款项； 银行里有多少可以付多少； 留存的支票或复印件可以作付款证明。	要花好几天才能到账； 可能作假； 如果不小心可能透支； 如果被拒绝可能会产生费用； 有些地方可能不接受。如果是海外支付，可能会有费用。
银行卡或借记卡	易于使用； 若遗失可以挂失补办； 没利息； 根据你的银行账户余额有多少花多少； 可用于电话付款，网上付款或当面付款； 付款记录可追踪； 有些可用于海外付款。	可能被盗，导致你的银行账户全军覆没； 使用次数多的话，有些银行可能会收取使用费； 如果店里没有读卡机，可能不被接受； 享受的联邦法律保护，不如信用卡多。
信用卡(包括信用卡形式的礼品卡)	方便易用； 若遗失可以挂失补办； 可以紧急借款； 可用于电话付款，网上付款或当面付款； 付款记录可追踪； 有的卡有优惠政策，比如现金返还，里程或小礼物 虽然有些可能会产生费用，但可用于海外付款； 有些信用卡公司提供防网上欺诈的防护措施。	可能会产生债务； 如果你欠信用卡债，利率可能很高； 如果没有自制力，不能控制消费，有可能会超支； 即使实物卡仍在你的手里，卡号也有可能被窃取； 如果店里没有读卡机可能不被接受； 可能有年费。

续表

付款方式	优点	缺点
商店礼品卡	易于使用； 便于送礼； 匿名使用。	只能在指定的商店使用； 遗失不补； 一定时期内，如果不使用，可能收取费用； 可能有少量闲置资金残留在卡中花不出去。
网络和移动支付	不再使用实物卡； 易于使用； 方便； 根据你的银行账户余额有多少花多少。	不是所有地方都收； 各种互相竞争的网络或移动支付方式，可能彼此不兼容； 许多网上或移动支付，仍使用信用卡或银行账户。

第五章

获取信贷

大家都从哪里获得贷款

如果你需要大额的资金买房买车，你可以从下面的渠道获得贷款。

银行和信用社

要贷款大家首先想到的就是去银行。如果你在一家银行有存款，或至少在那里有一个账户，那你就很可能在那里拿到贷款。至于拿到贷款的额度和利息，那就要看你的信用情况了。

银行贷款通常有两种，一种是直接的贷款（loan），比如你要买房买车或送子女去上大学，就跟银行借一笔钱，商定好利息和还贷的时间，你先把钱拿走，最后按照条款分期或到期归还。

还有一种是信用额度（Line of Credit）。你首先跟银行商量你可能需要多少钱，设定一个信用的上限或额度，一旦你需要用钱的时候，就可以随时借用而不需要再跟银行申请了。比如你跟银行申请一个信用额度是 1 万美元，你就随时可以使用最多 1 万美元。没有需要时，这个额度就放在那里，你也不用付利息，一般银行可能会收几十美元的年费。一旦你临时有事需要借用，比如 4000 美元，你可以直接从这个账户支取 4000 美元，同时开始支付这 4000 美元的利息。由于你已经使用了 4000 美元的信用额度，你想再借的话，就只能最多借 6000 美元了。你也可以随时还钱来提高自己的剩余额度。有时你可以把信用额度看成是由银行发行的为你量身定做的信用卡。

贷款公司

与银行不同，这些公司往往专注于某一方面的贷款，比如房屋贷款、汽车贷款或学生贷款。他们有的是银行的附属机构，有的是私人贷款机构，一般通过网上或电话申请。为了竞争业务，他们经常能够给出比银行更好的利率。比如你要买车的话，汽车公司为了促销，有时会给出一个非常好的利率，让你贷款买他们的车。

信用卡

信用卡可以看做是最方便的借款来源。如果你的信用非常好，有时你能享受到一年内利息率是零的信用卡。这时不妨好好利用一下。但使用信用卡的时候，一定要小心不要陷入它的陷阱里。一旦你完全依赖信用卡，而信用卡的促销期一过，回到每年 19.99% 甚至 29.99% 的高利率，那问题就大了。

网络个人信贷

网络个人信贷，也就是中国现在也很流行的 P2P 贷款，在美国比较大的有 Prosper、Upstart 和 Lending Club。到他们的网站上，填入所需贷款的额度和用途，再填入进行身份信用验证所需的个人信息，就可以了。这对于初到美国、不太习惯开口用英文交流个人信息的人来说是一个不错的选择。你尽可以打开字典或翻译软件，一步一步地办理。

房屋再贷款

如果你有自己的住房，而且你的房屋贷款已经还了不少了，或者你的房子升值很多，甚至你当时就是现金买的房，你就可以利用再贷款把房子所冻结住的资金或产生的财富解放出来另作他用。

房屋信用额度（Home Equity Line Of Credit，HELOC），如果你有自己的住房，你还可以用房屋作抵押来获得信用额度，也就是俗称的第二按揭（Second Mortgage）。HELOC 可以从你原先的房屋贷款公司获得，也可以从其他公司获得。

这里提一下，对于信用额度或者信用卡的额度，都尽量不要全部使用。使用金额跟可用的上限相比，比例越高，说明你的信用越紧张，有可能被征信公司看做是负面影响，从而降低你的信用值。

现在有很多网上比价机构，让你能够看到不同公司的利率和其他贷款条款，比如 Lendingtree.com，bankrate.com 等。贷款时也不能只看利率，其他的很多条款也很重要。比如房屋贷款是否允许你提前还贷，一两次晚付是否会导致惩罚利率等，这些都需要你进行全面比较。

怎么获得应急资金

在中国如果有时一下子资金周转不过来，可以向亲朋好友告急。但身在异国他乡，一时资金紧张，除了向大银行和其他金融服务机构贷款以外，也有些地方也可拿到融资做替代方法。下面就是美国常见的应急融资办法。但我们要强调的是，这只能做应急之用。如果你经常光顾这些地方，说明你的财务出了问题，需要想方设法改善和补救。

支票兑现服务。有些企业可以兑现工资支票或政府支票，但会根据支票金额和一定百分比收取一定费用。例如，每星期兑现 200

美元的工资，每次成本可能是8美元。一年下来，费用可高达416美元。

支票递延、预借现金、发薪日贷款。这三种类型被认为是短期高利率的贷款。客户写个人支票，包括费用（利息）。贷款人兑现现金给开支票的客户，并统一留着支票，直到下一个发薪日再取现。

典当行。人们常常会在旅游区或赌城，如拉斯维加斯或者大西洋城，看到典当行机构。带着有价值的商品，包括电子产品和珠宝作为担保，到典当行兑现换取现金。典当实际是个非常高利息的贷款。

快速退税。有些人希望他们申请1040所得税纳税申报表后，能马上拿到现金退款，而不想等到美国政府向他们寄送退款。保税服务公司有时会提前给纳税人支付可能拿到的退税额。但是，纳税人拿到的数目要少于纳税申报退税额，因为很大一部分要给报税公司。

先租后买。有人先从商店租赁家电或娱乐装置，过一段时间之后再买下来。实际上，租赁的额外收费比使用信用卡来支付相同商品的总费用还要高得多。

总的来说，这些财务贷款服务一般都比较昂贵。他们大多是针对低信用评分或那些现在财务状况不佳而急需用钱的人。例如，如果你有一个支票账户，支票存款一般是免费的。但银行不允许客户马上提现，一般要等到第二天甚至更晚。如果你非常迫切地需要现金，你可以用前面提到的第三方支票兑现服务，但是将会付出高额费用。

申请贷款有哪些注意事项

大家买车买房要贷款时，可以向经销商或银行借贷，贷款方可能希望用汽车或房屋作为抵押品，为贷款担保。这种类型的贷款被称为抵押贷款。抵押是以物品做保障，偿还贷款，在偿还不了的情况下，物品会被没收。抵押是很常见的商业行为。债权人常常需要债务人拿一些有价值的物品做保障。

买房按揭（Mortgage）和汽车贷款（Car Loan）都是普通消费者筹钱的方式。人们从贷款人（Lender）处借钱，并在一段时间内连本带利逐步偿还 。有时候买车贷款遇到促销活动，你可能会享受到零利率。在贷款买房之前，尤其是在出价的时候，除非你是全款现金，否则都需要提供一份预贷款（Prequalification）证明。一旦双方敲定了价格，一般会有一两个月的时间把按揭贷款拿到手。由于申请按揭贷款程序复杂，需要填写的表格和提供的材料非常多，我们就不在这里一一列举了。如果有读者想在美国贷款买房，可以到我们的网站上找到贷款中介（broker）详细咨询。

欠款是借贷人未能履行的偿还义务。若借贷人未能偿还贷款，并在由法庭提出诉讼时没有准时出庭，借贷人将会依法承担相应的责任。

贷款购买车辆和房屋，一旦签了合约，买车的人就可以拿上钥匙把车开走，买房的人就可以搬家入住。但是同时也有义务根据合约上指定的条款来支付汽车贷款或房屋贷款。假设两个月后，贷款人不幸失去了工作，没有了收入，付不起贷款了，这时就会造成欠款。经销商或其他债权人将有权要求收取抵押品——汽车或房屋。

请记住，只要你还没还清贷款，债权人对抵押品就拥有重要权利。这些权利是在签订合同时就开始生效的，并受到所在州的法律保护，拥有强制执行权。在这种情况下，债权人对于没有及时付款的车辆或房屋将有权收回。也就是说，他们或者收回你的抵押品，或者去法院警告你。你的债权人也可以把合同出售给第三方，所谓的第三方受让人，有同样的权利，可以作为原始债权人收取抵押品。

怎么用法律保护自己的借贷过程

一个人的信用分数并不是永远公平和公正的，有时也会有错误信息。另外很多时候也可能会发生店大欺客的现象。在美国联邦和各州的层面上，也出台了不少法律，能在消费者遭遇不利处境或不公平待遇时保护他们。下面列举几例。

在得到信用卡或贷款之前，法律已经帮你把不公平的借贷行为屏蔽掉了。例如，贷款机构必须以书面形式，并用通俗易懂的语言和术语来披露利率和与贷款或信用额度的有关费用。你可能收到过信用卡促销邮件，说是提供便宜 APR 或其他优惠条件。这些优惠宣传必须面向公众里每个符合条件的申请人（该贷款机构将在其应用程序中指定符合条件的族群）。

当我们遭受不公平的债务催收行为时，应该怎么做来保护自己的权益不受损害呢？

公平债务催收作业法是笔者最喜欢的信用法律之一，因为它减轻借款人的焦虑和苦恼。公平债务催收作业法保护债务人免受第三方收债人滥用方法骚扰。具体而言，收债人禁止：

- 每天呼叫多次，早上 8 点前或者晚上 9 点之后还是在工作中，如果你已经告之他们的电话会影响你的工作；
- 未经您的许可与别人（不包括你的配偶）讨论你的债务情况；
- 使用虚假的威胁——如果收债人说要告你到法庭上，那么他们必须采取行动。他们不能威胁你说要把你告到法庭上，在一定时间内，没有须采取行动，借款人有权告收债人；

● 隐瞒自己的身份——收债人必须讲清楚自己是干什么的——功能或该呼叫目的。

什么是信用评分及征信机构

信用评分是根据数据丰富的信用报告计算出一个三位数的得分，它将成为你信用抵押贷款、汽车贷款或信用卡申请的一个重要因素。你的分数会影响你是否被批准，以及获得多高的利息率和要交的费用。因此，保持良好的信用记录是非常重要的。最广泛使用的信用分，被称为 FICO 或菲佐分数。以下是确定 FICO 分数的构成：

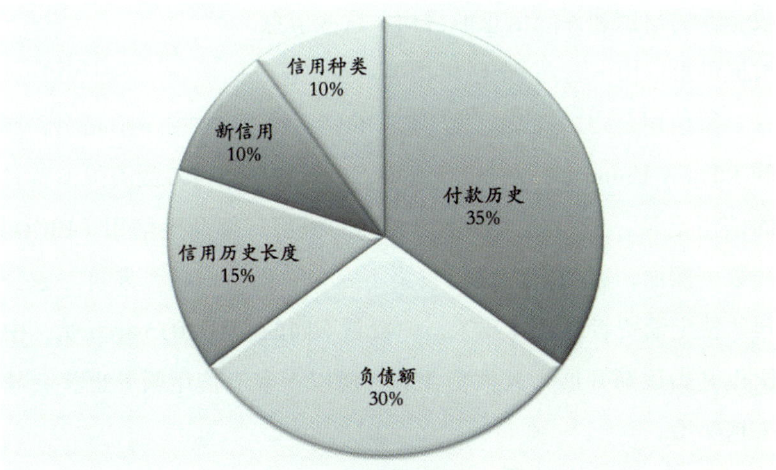

FICO 分数的构成

FICO 分数的范围是从 300 到 850。对于普通人来说自然是越高越好。一般分为以下四个等级：

- 720 或以上：优秀
- 690～719：良好
- 630～689：一般
- 300～629：差

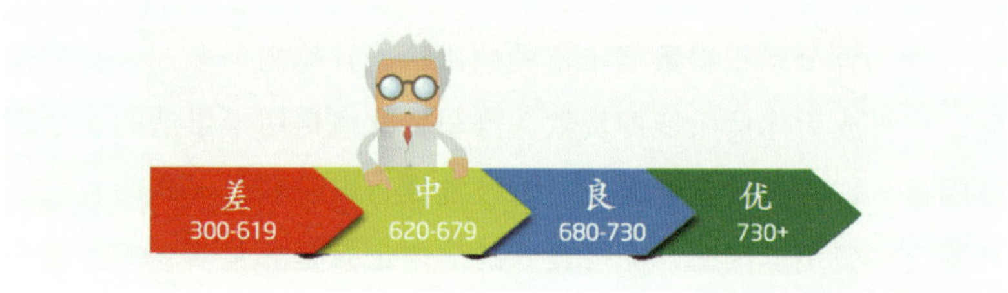

征信分数是从三大征信机构得来的。所谓征信或信用机构，是指专门收集有关个人或企业的信用和评级信息的机构。这些信息被提供给信用卡公司、金融机构等。在美国，有三家信用公司，即艾克发（Equifax），益百利（Experian）和环联（Trans Union）。他们相互竞争，更新和存储大多数美国消费者的信用记录。三家公司都使用相同的模型，都产生信用（FICO）分数。然而，因为它们可能收集不完全一样的信息，来自三家公司的特定消费者的具体数字，一般是不同的。从 2015 年开始，中国也开始逐渐开展个人征信业务，所以大家对信用服务也将会越来越熟悉。

三大征信机构

要想知道自己的征信分数，我们可以向三大征信公司咨询。

个人不良信用有哪些不良影响

信用分数对每个人而言都是十分重要的，不良的信用产生的不良影响有：

你可能将被收取滞纳金。如果在到期日之后支付您的信用卡账单，你可能会被收取 25~35 美元的滞纳金。这笔钱将在你的下一期账单上显示出来。如果继续错过截止期，可能产生额外的滞纳金。

你的贷款利率可能会上升。拖欠支付可能会导致你的债权人提高利率，或重置利率为罚款利率。信用卡的处罚年利率往往会高达 29.99%。这意味着如果它引发高利率，你会明显付出更多利息。如果您信用卡促销“余额转移年利率”是 0%，0.99% 或 1.99% 之类的超低利率，支付过期，还可能会让你失去促销价，并将其重置为 14.99%、19.99% 或其它的默认利率。

你的信用报告可能会留下记录。如果你的拖欠付款超过 30 日，信用卡公司通常会通知三大信用局，这意味着拖欠付款将在你的信用报告中显示出来。这个不良记录会在你的信用报告里待上 7 年。

你的信用分数可能会受到影响。支付历史信息，通常占你的信用评分构成的大约 35%，是计算分数时最重要的因素。只要一逾期付款，你的信用评分就会大大降低。尤其是如果原来是良好或优秀，影响就更大。根据你晚支付多久、怎么迟付，及你的信用评分，逾期付款额会严重影响你的信用。

对于美国人来说，信用评分就像中国的档案一样重要。不管你走到哪里，不管是找工作、租房子还是买车、买房、贷款，只要跟金钱和财富有关，对方都要查你的信用分数，因为它基本就代表了你的可靠程度，你是否值得信任。所以你要时时刻刻保护自己的良好信用。如果自己的信用分数不高，也可以想方设法来修复和提高。

如何修复个人信用

为自己的行为负责。检查自己的支出特点，纠正不良的生活习惯。建立一个减债行动计划，并坚持下去。

与债权人沟通。联系债权人，让他们知道你有暂时的财政问题。请求调整付款时间表。

债务综合。整合或合并几个债务与管理，以支付利率较低新的贷款。同时不要继续增加更多的债务。

信用咨询。获取专业人士的指导。信用辅导员会与个人一起计划，采取行动，让他或她摆脱债务，并为将来建立健全的财务管理计划。

破产。一个人到法院申请解除债务。申请破产，严重影响以个人获得在未来信用的能力。破产有两种：债务人的财产将被迫出售，所得资金用来偿还债权人；债务人可以保留财产，但需有经法院批准的行动计划，逐步偿还债务。破产应该是任何解决问题的最后方案。

怎么确保信用局的公正准确

银行和贷款人通常会向信用局报告你的信用活动。《公平信用报告法》和《准确信用交易法 》可以确保在您的报告中所列的财务数据是准确的，是保证信用公平的法律。

如果对个人的相关数据有争议，可以向征信局投诉，征信局必须在 30 天内进行调查。在这段时间里，你的报告会把这项活动标注为“有争议”。调查之后虚假或无法核实的信息会从报告中删除。

在特定情况下，您可以访问信用档案。如果您的信用申请被拒绝，您有权知道贷款人使用的是哪家的信用报告。您可以免费获取该报告的副本，以确保信息是正确的。它还保障消费者每年怀疑遭到欺诈时可以从每个信用报告局获取一份免费的报告。

在大多数情况下，过一段时间之后，有害信息必须从您的信用报告中删除。欠款值和逾期付款通常会在 7 年后从报告中去除。如果是第 7 章破产法,则会在报告里保 10 年。美国破产法是联邦法律，全美通用，第七破产又叫“直接破产”，或清盘变卖。第 7 章申请人需将其拥有的所有“非豁免财产”交给法庭指定的信托官，由信托官收管变卖成现金并支付债主。

另外，不要以为任何人都可以看到你的信用档案。该法规定，只有那些有需要的，比如债权人、保险公司、房东或潜在的雇主才可以调查您的报告。

第六章

财务管理

为什么理财得有计划

经过多年的经营，很多人手上或多或少有一些剩余资金。大家想把这些钱留给孩子，留给自己养老，或者是找个地方把钱放一放，最好是能够钱生钱。有一次曾听朋友讲，ABC 股票很好，大家放进去可以赚一笔。或者是听说美国的房子便宜，那就买一幢吧。几年下来，当需要钱给孩子交学费的时候，发现现金不够用。所以，通盘规划财务需要是为了成功的理财，让自己能够一直掌控财富。要做到这一点，通常要考虑到以下几个方面：

- 短期流动性和应急资金的现金需求；
- 投资分中期和长期财务目标；
- 退休后有足够的收入；
- 准备充足的孩子学费和其他费用的教育基金；
- 拥有各种保险和适当风险管理；
- 通过税收筹划，达到最大程度的节约税费；
- 专业的遗产规划，通过有效的控制保护财产，明确最低遗产税；

- 计划好剩余财富的慈善捐赠分配。

投资策略对整个计划的成功至关重要。理财计划与投资活动之间的关系见下表：

财务计划要素	相关投资活动
现金管理	投资可有助于满足短期现金需求
投资规划	选择不同的投资车辆，可以帮助调整中期和长期投资目标
退休和教育基金	退休基金和教育基金通常投资于股市上，希望回报能抵消通胀对费用的影响
税收筹划	税收优惠的投资

以下图表完整地描述了理财计划需要设计的各个方面。

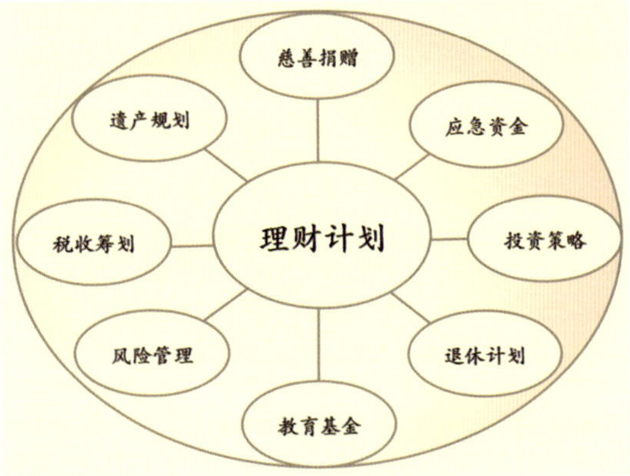

综合财务理财计划

怎么选专业人士做理财计划

良好的财务决策，很大程度上仍依赖于经验。重要的是要知道何时寻求专业帮助，选择一个好的财务顾问。一个全面的财务计划，会涉及大量的法律、金融投资、税务和规划知识。我们的目的就是培养大家成为他们自己生活的执行总裁，知道考虑什么，能做出正确的财务决策。此外，大家应该能够判断何时何地需要专家的意见。

选择专业的财务顾问时应考虑：政府注册信息、许可证要求、专业名称和声誉。这里帮助大家问几个问题，以确定顾问是否具有良好的资质。

遗产规划律师能帮你做什么?

遗产规划律师的作用是提前做好规划，帮助一个人在生命的尽头高效处置遗产。首先，因为计划关系到你的资产，他们必须确定你的需求和目标。一个好的律师会提出很多有关你的财产的好建议，其中有许多你可能以前没有想到过。然后他们根据需要和考虑的目标，帮助你建立一个策略，有效地转移你的资产，以减少税收和遗产处理需要的费用，并尽可能地避免遗嘱认证及其费用。

此外，律师还会帮助你制订一些应急措施，也就是指当你因为疾病或其他意外不能做出财务或医疗决定时采取的措施。这时你通常需要选择一个法定监护人、一个健康护理师和一个律师。这种规划往往涉及孩子或亲属。

理财师能帮你做什么?

理财师帮你组织你的财务生活，建立一个实现你的财务目标的财务计划，包括你的净值、退休预测和风险状况。这份财务计划，对财务目标和达到这些目标的最佳方案会进行非常有条理性的阐述。一旦该计划制订完成后，你需要根据这个新方案重组投资。

一个好的理财师应该是一名教师，而不是推销员。在他看来，你是被教育者，而不是卖的东西。理财师分析你的当前投资状况，提出投资调整建议，并指导实施，以帮你实现财富目标。他们应该能够以简单和易于理解的方式，解释他们为什么会提出这些调整建议。一旦投资组合实施后，后期跟踪也很重要。一名优秀的规划师会持续监控投资组合，并进行必要的修改，把个人财务和金融市场的变化反映到财务计划中。

聘请税务顾问或会计师能帮你做什么?

财富建立在持续的收入来源上。税收和收入是孪生兄弟。不管是遗产或赠与转让都会有增益。政府总是能闻到钱的味道，并希望自己能分到一份税额。要更好地依法减轻其中的税收，聘请一位税务方面的专家是必须的。

在美国怎么寻找可信的投资顾问

要找到合适的、具备良好资质的投资顾问，大家需要注意以下几个方面的问题：

是 FINRA 注册的吗?

通常情况下，如果一个顾问在一家经纪公司工作，只要他或她能帮助你做市场交易的金融产品，就得有一定的金融交易系列执照。考执照前，他们都要在 FINRA 注册。你应该能够在网站 FINRA 上找到所有有执照的顾问。

是注册财务策划师吗?

访问 CFP 理事会官方网站 www.cfp.net，可以查证注册财务策划师的职业资质。只有那些已经符合 CFP 董事会认证和更新要求的注册财务策划师，才可以显示 CFP® 认证标志。CFP® 从业者必须统一遵守严格的职业操守，也就是被称为 CFP 理事会的道德和职业责任规范，以阐明自己对公众，特别是对客户和雇主共同遵守的道德责任。

是注册投资顾问（RIA）吗?

如果有人想通过对投资证券给予建议而得到报酬，通常必须在美国证券交易委员会，或主要营业地所在州的机构注册。投资顾问在管理价值 2500 万美元或更多的资产时，必须在证券交易委员会注册。你可以在美国证券交易委员会的网站上，搜索到任何一位注册投资顾问。

此外，我们还可以通过谷歌搜索顾问的名字，以查找其相关的资料，更好地了解这个人。还需要提醒大家注意的是，一些顾问公司的客户里，一般有50%以上是通过老客户介绍的。因此，我们还可以让认识的人推荐优秀的投资顾问。

美国富人的财务规划包括什么

要构建一个财务计划，正如我们前面所讨论的那样，需要首先收集信息。数据的客观性、准确性和相关性，直接决定了该计划是否有效。错误的数据将导致错误的计划！无论你是否寻找专业人士来帮忙，都需要建立科学而有效的计划。这里介绍理财计划的一些主要组成和要考虑的因素。

财富积累目标

任何计划的第一步，都需要确定一个可以达到的目标。这就像高尔夫球场上的终极锦旗，或高中学习的毕业文凭，或一段旅程的终点。它像是个检查点，需要定时审查以适应新的形势。通常情况下，财务计划的目标，都有时间表——短期、中期和长期。一个短期目标，通常是在一年内完成的。中期目标的具体目标是2~5年。长期目标与遗产规划是相辅相成。目标也可以标明达到的年龄。

因为我们谈论的是财务目标，所以净资产值应是目标的一部分。例如，在40岁达到500万美元净资产值而退休，或40岁时捐100万美元，创建一个慈善基金会来倡导自己一直关心的公益事业。

我们的目标不能建在真空中，要与现实生活紧密联系在一起，比如上学、结婚、生孩子、照顾年长父母，或可能遇到的生活中的其他各种问题。在设立目标时，要把这些生活事件谨慎地考虑进去。

现金管理计划

现金管理计划评估一个人的盈利能力、储蓄和消费理念、对应急资金和债务的管理。消费和储蓄计划是现金管理的中心部分。它的目的是平衡收入和支出，并找到可自由支配的现金流用来储蓄。在计划中，大家需要确定收入、固定费用、变动费用、债务和储蓄。固定费用是固定地每月或每年的开支金额。变动费用定期产生，但每次的金额却可能不同。最终，现金管理的目标是要找到剩余的或可自由支配的现金流进行投资，并长期积累财富，以备退休、教育和传承。现金流量通常有三个部分：所有收入来源的总现金流入；总流出现金，包括支票和刷卡消费；本期净现金流量额。

投资计划

一个可行的投资计划，是一个好的财务计划的重要基础。正如我们前面一章讨论的，财务计划所有的组成部分，几乎都需要靠良好的投资效果来实现他们的目标。良好可行的投资计划是寻找合适的投资策略，让省下的钱能够持续不断地生钱：

短期应急资金，需要做现金管理。

积累财富，即借助各种投资渠道或产品，利用多样化的资产配置策略，主动或被动投资。

实现退休基金和教育基金的目标，以对抗通胀和市场的波动性，为退休和教育费用积攒足够资金。

尽量减少所得税负债，利用税收优惠的投资工具。

退休计划

退休计划通常需要考虑以下内容：

- 退休年龄。
- 退休收入，需要能维持与退休以前相同的生活方式和医疗费用。通常退休以后的医疗费用比退休前要高很多。
- 对退休账户贡献的年度积蓄，如个人退休账户，公司赞助的401K、403B 退休账户等。
- 根据一定策略，收获一定投资收益，以达到所需的期望收益，保证一定的退休收入。

教育计划

教育计划，是有针对性目的的存款和投资——有足够资金送孩子到理想的学校。它通常包括：

- 目前的年龄和大学入学的年龄。
- 就读大学的费用，包括学费和生活费。私立学校费用成本大约是公立学校的两倍。
- 年度储蓄或贡献，投给指定的大学基金、储蓄或投资账户。
- 根据一定的策略，适当投资回报率，帮助达到预期的所需教育基金。

保险计划

保险计划，是财务计划的基础，以防意外破坏计划。由于自然灾害和不幸的意外事件等，这些意外风暴都可能会对原计划目标造成影响。保险可降低这些影响。它应该包括与相关风险有关的各种基本保险：健康保险、人寿保险、汽车保险、房主或承租人保险、长期护理保险、残疾保险、责任保险。

保险计划还应该考虑相关费用，并有足够的覆盖额。保险是提供给未来的花费，但同时可能非常昂贵。这两个因素通常让家庭推迟或放弃保险。大家应强调的重点是，要有保险覆盖，同时谨慎地平衡当前重要的利益和资金问题。

保险计划的另一项功能是给家人一个财务备份计划，尤其是在情况发生变化的时候，如失业、疾病等，以提供赠与或继承资金。例如，失业时可享受失业福利，疾病造成收入减少则可以部分由残疾或长期护理保险承担。

为什么在美国要买保险

重大经济损失一般由大型金融服务公司提供保险补偿。另外还有我们称之为的小型保险，其作用是用来减轻一些人的心理负担。大多数保险是针对生命、健康、伤残收入、贵重物品和潜在法律诉讼负债的保护。我们下面的讨论主要集中在这些类型的保险上。

除此以外，也有微量险额类型的保险，是由商店、店铺和各个公司开发的。他们的目标是解除保险购买人对一些产品质量或服务费用的担忧，比如说，家里的电视和电脑有两年质量保险，出门旅行时有行李保险。

以下是风险管理的一些策略。

开车时，你有发生意外或汽车故障的风险。如果开车时发生意外，损失会很高，所以解决办法是买车辆责任险。在大多数国家，这是由国家法律强制购买的。如果你有一辆二手车，最好是加入成为 AAA 会员，他们可以帮你拖汽车到修车行。如果你把自己锁在车外，他们也会帮你打开车门。

死亡或意外或随时都有可能发生。失去生命对亲人来说是最具有破坏性的事件。我们只能活一次。解决方案是购买人寿保险，以减轻对亲人潜在的财务损失。

工作以后，因裁员或其他的原因，可能丢掉工作。人们丢掉一个工作后，可以再找一个。这类风险比较低。现在大家换工作也比较频繁。人们要对自己负责，并尽量减少或杜绝潜在损失。

当我们借钱给其他人，有拿不回钱的风险。在这种情况下你甚至可能会损失更多钱。尽管这有投机风险，但我们仍然需要找到方法，尽量减少损失。

当我们购买和使用电脑时,有发生机器故障和数据丢失的风险。大多数计算机在出厂之前都已经过质量控制。发生故障的概率很低，但其后果却可能更严重。您可以经常做备份，或购买恢复数据服务的保险。

当我们用天然气做饭时，有燃气泄漏或火灾的风险。对于大多数人来说，气体泄漏和火灾的可能性很小。但一旦发生，人们可能失去居住的地方和一生的积蓄。责任保险，是保护自己和全家的首选。

当严冬来临时，我们面临冻伤或感冒的风险。对于健康的人来说，生病是个小概率事件，但一旦发生，医疗费用会很昂贵。购买健康保险就变得很重要。

当你投资时，有亏本甚至丢掉本钱的风险。投资的结果就是你可能挣很多，也可能亏损很多。我们要做好评估和决策，尽量减少损失。即使有损失，你也只能自己承受。

当在网上购物时，你有身份信息被盗的风险。这是时下很常见的身份侵权，而且手段种类繁多，花样翻新。在目前大多数保险公司还不能为其提供保险。你需要十分小心，避免伤害，尽量减少损失。

可以考虑以下四种情况，风险管理策略是什么。

风险特点和策略	高频	低频
高严重性	避免策略：风险最严重的类型	保险策略：经济损失严重，但并不经常发生 ***
低严重性	保留：经济损失小，但投保过于昂贵	不需做什么

在美国怎么买健康保险

大家都知道，现在的医疗费用是越来越昂贵。在美国，奥巴马医保法规定，每个人都需要购买医疗保险。健康保险通常支付以下费用。

医院费用：这是在医院的吃住费用，不是医生的费用。

手术费用：在医院或院外的外科医生费。

医生费用：所有非手术医师的费用。

重大医疗费用：医生和外科医生费、物理治疗费用以及处方药费用。

一般来说，团体健康保险通常比个人更便宜。到哪里去买呢？医疗保险市场可以买奥巴马平价医疗保险，也可以到私人的医疗保险公司买。

在决定买什么保险前，要考虑到保险所能覆盖的项目和条件。通常情况下，您需要考虑以下几点：

- 最高保额是多少？

- 自付款部分是多少?
- 保费是多少? 不同的自付款对应的保费有什么不同?
- 哪些是不能覆盖的? 比方说，有些保险计划不能覆盖运动伤害。
- 医生有哪些限制?
- 我需要被推荐，才能去看专家医生吗?
- 如果我在旅行中生病或者受伤怎么办? 包含其他州或者外国吗?
- 看医生之前需要事先通知保险公司吗?
- 保费是否合理?

以下是美国新闻选出的较大的美国健康保险公司 :

到哪里买汽车保险

汽车保险，是人们常用的个人财产和责任保险。通常情况下，汽车保险覆盖伤害和损失，主要包含：责任界定、医疗费、无保险驾车、汽车损害、事故或丢失后职责。

汽车保险率，由以下因素决定：

1. 驾驶记录。保持良好的驾驶记录可以降低你的保费。

2. 年龄、性别和婚姻状况。你的驾车经验越多，就越可能避免事故的发生。另一个重要因素是性别。根据历史统计数据，男性比女性更容易被卷入事故中。婚姻状况也很重要。统计数据显示，已婚司机比单身司机撞车可能性要少得多。

3. 你住哪里。如果你住在人数众多、道路拥挤、失窃率高的城市地区，你的保费就极有可能会比相应的住在农村生活的人更高。比如有些人喜欢在宾夕法尼亚州买车而不在新泽西州挂牌。因为同样的车，新泽西州的保费比宾州高近一倍。

4. 汽车产家。车的价值越低，你所支付的保费越低。

现行车险种类分为强制险与任意险，强制险为政策性保险，仅含基本医疗及死残给付，针对车辆修复或民事赔偿的部分。建议您需额外增加任意险保障，以分摊车祸风险：

强制险

- 强制汽车责任保险
- 强制汽车责任保险附加驾驶人伤害保险
- 汽车保险自用小汽车代车费用附加条款

任意险

- 车体险
- 窃盗险
- 责任险

汽车第三人责任保险——自用及附加保险

- 汽车第三人责任保险——营业用
- 汽车旅客责任保险
- 汽车客运业乘客（旅客）责任保险
- 汽车客运业乘客（旅客）责任保险（含体伤责任）
- 汽车第三人责任综合保险

其他

- 自用小汽车额外费用补偿保险
- 车碰车延误行程补偿保险

以下是美国最大的几家汽车保险公司

State Farm Group

Berkshire Hathaway Insurance

Allstate Insurance Group　　Progressive Insurance Group

美国法规对买保险的人有什么保护

大家应该相信美国政府，通过各种联邦、州和地方法律保护消费者免受不安全产品的危害，防止欺诈、广告欺骗和其他不正当商业行为。

美国联邦贸易委员会 www.ftc.gov

美国主要的消费者保护机构，在联邦一级是美国联邦贸易委员会（FTC）。联邦贸易委员会通过自己的行动，并协调其他联邦机构，通过各种各样的消费者保护法，达到两个主要目标：

- 保护消费者，防止市场上可能出现的欺诈、欺骗和不正当商业行为；
- 防止反竞争的商业行为的发生。

联邦贸易委员会保护消费者

保护消费者的其他机构

在联邦层面，有众多针对某些特定产品或服务的消费者保护机构。下面仅举几例：

- 美国消费品安全委员会（CPSC），目的是减少除了食品、药品、化妆品和医疗器械之外的消费类产品所造成的伤害。它的网站www.cpsc.gov上有中文解释。
- 美国食品和药物管理局（FDA，www.fda.gov），主要管理食品，药品，化妆品和医疗装置的安全性。
- 美国国家公路交通安全管理局（NHTSA），涵盖汽车、卡车和摩托车安全。

消费品安全委员会有中文介绍

- 美国联邦通信委员会（FCC），管理广播通信，和通信运营商共同管辖，同时解决有关通信服务的消费者投诉。
- 消费者金融保护局，主要管理根据联邦消费者金融法律所发行和提供的消费者金融产品或服务。

50 个州里，大多数是由州检察长负责执行消费者保护法。他们有权发出民事调查要求（CID）。大多数州都有法令禁止不公平和欺诈的商业行为。

此外，为了减少诉讼成本和消费者的负担，在市一级通常有一个民事法庭来处理小型索赔，金额一般少于 1 万美元。通过小额赔偿法院，人们可以很快拿回他人欠你的钱。

怎么确保保单的有效性

大家一旦决定买什么保险，下一步就是到保险公司申请投保。那么保险公司如何判断是否接受该申请人的请求呢？如果保险公司非法拒绝，有什么应对办法？如何通过政府和法院来保护消费者的利益？

保险产品，主要是在州一级上受到政府的严格监管。由保险公司签发的保险合同，受州法和合同法管制。这里我们会讨论与此相关的一些问题。

决定风险的可保性

不是所有的投保申请，都会被保险公司批准。保险公司先要考虑被保人和申请人是否有相关保险利益。以下是一些保险公司可能考虑的保险涵盖损失因素：

- 必须是被保险人的意外造成的损失。它是无意或意外发生的。道德风险不能投保，不然的话，保险成本将扶摇直上。

- 损失必须是可衡量和确定的。房子或汽车的价值容易确定，但一个钱包里装多少现金很难确定，因此其投保保值有限。

- 保费与支付能力要相当。
- 损失必须与精神困难或财务损失相关连。比如，人寿保险是保护失去亲人的损失。财产和责任保险，主要针对的是由于房子或汽车的损坏所造成的经济困难。

法院执行合同的方式

有效的合同一般包含几方面因素：邀约方，承诺方，邀约方提供有效价值和承诺方提供有效价值。 合同受法律保护，可以通过法院在地方或联邦一级执行。有效合同要求合同各方遵守合同起始承诺。这又被称为最大诚信原则：

保险公司需要有诚意对损失进行付款。如果有证据表明保险公司无意根据条款偿付，保险公司可被罚款，或勒令停业。

被保险人不能违反承诺或保证。例如房主不兑现购买家庭安全系统的承诺，可能导致合同作废。如果盗贼进入家中，而家中没有根据要求安装防盗系统，保险公司可以选择不付款。

被保险人的材料必须真实。如果在前期申请过程中提供歪曲事实的材料，也可以导致合同作废。

保险涉及的各方面人

保险通常涉及：

- 被保险人，提交某一类型保险的申请。
- 保险公司，评估承保的费用。
- 保险公司，批准申请并提供合同，或拒绝申请。
- 被保险人，签字接受与承诺，支付保险金。

● 保险公司文件表示，当灾难发生时，申请人可要求保险公司支付。

短期低风险投资有什么选择

现金及现金等价物一类的投资产品具有安全性和流动性，但一般回报和收益也会比较低。我们都知道现金,但什么是现金等价物?从会计资产负债表来看，现金等价物包括银行账户、有价证券或国库券等。基本上，它们是让人们把钱放进去后感觉很安全的证券。这些证券通常借出时间很短，介乎一天到一年之间。它们也只借给有信誉的投资者。因此它们被称为现金等价物，因为它们几乎和现金一样可靠。

大家应该知道，许多个人和公司使用现金等价物作为短期现金储蓄的方法，并希望以此战胜通货膨胀。同时，这种投资很灵活，任何时候需要钱都可以马上取出来。例如，孩子计划购买汽车或房子。这可能需要数个月，但一旦找到合适的，又要马上拿出足够的钱做首付。如果我们不想把钱放在家里一分钱不赚，怎么办？可以有以下选择：

去当地的银行

购买货币市场基金。资金投资于短期债券，如美国国债等美国政府和商业票据业务。商业票据是由企业发行的无担保短期债务工具。企业通常把借的钱，用于应收账款、购买库存等以满足短期负债的融资。它通常以折扣的形式发行。

创建储蓄帐户：它基本上是一种贷款，没有时间限制，是储蓄户给银行的无息贷款。它由美国政府担保。

获得存款证书：这也是一种贷款，是在预定的时间限制内，给银行低息贷款。它也投保于美国政府。

美国国库券：贷款给美国政府90天。它们由美国政府信誉支持。拍卖时间表和政府计划都在网站 www.treasurydirect.gov 上。无论是上网还是亲临当地分行，找到一个券商或资产投资公司购买就可以。也可以去网上买美国国库券。

美国国库券

另外，还有市政货币市场基金。这些基金通常投资于市州政府的项目。好处是：该基金的利息收入可观，可享受国家免税。找到一个券商或资产投资公司购买。

银行承兑也是低风险投资形式。通过由商业银行，为保证国际贸易，促进进口或出口活动的一种企业发行的短期债务工具。

中长期投资工具有什么

通常，中等风险投资具有较少的流动性或具有一定的安全特性，或两者兼具。完全失去本金的风险较低，时间期限比较长。例如，假设有 10 万美元本金，由于市场的波动，投资的价值可能下跌，一年后是 8 万美元。如果你把钱拿出来，你将亏损 2 万美元。要是你再等一年左右，直到它重新升值之后再卖。你就可能转亏为盈，拿回投资本金和盈余。这里列举几种可能的投资工具。

债券和债券共同基金

债务投资是指投资者以固定利率和时间，贷款给企业或政府。企业、市、州及美国和外国政府，用这些款项资助各种项目和活动。债券共同基金的资金，是集合大量的投资者的钱来购买各种债券产品。根据该基金购买的债券发行人的特点，我们可以将债券型基金分为公司债券基金、市政债券基金等类型。

房地产投资

人们可以购买投资房子或公寓，自己住或出租都可以。房主可以得到租金收入作为投资回报。或者也可以用房子保本，在房主卖房子时，通过房价上升赚增加的差值。相对来说，不动产保本可能性较大，要获得回报则要看大的经济环境和当地地域条件。

投资保险产品

该类产品通常有短期流动性问题，但在得到回报上相对安全。投资保险，类似于房屋、汽车或健康保险，是被保险人投保的。同时都有再保险公司担保发行保险公司，还有各州保障基金对投保人和险金的保护。同样，像房屋、汽车和医疗保险，保险公司都受各州政策法规限制。不同的州保障上限不同。

年金：这类似于一个长期 CD 的产品。相对安全，但兑现时间有限制。年金是用来保证老有所依，有钱用到头。

现金价值寿险：寿险产品既有保护作用，只要使用恰当，又有免税现金积累，会给投资者带来安全感。

如何投资美国房地产

众所周知，在美国，产权是永久性的，所以，许多刚来的中国买家都会有“在美国买房就要住一辈子，甚至要代代相传”的观念。其实这与美国的实际情况不太相符。根据历年相关数据统计，美国人大约 7 年就会换一次房屋。换房的原因多样，比如工作地点改变，子女外出读书，家庭人口变化，或者退休后从成熟城区换到偏远安静的郊区等。美国人换房频繁的原因主要是没有户口的限制，同时城市乡村差距小，住在哪里都很方便。实际上，住了几年之后也都腻了。但是想永久也可以，一代一代相传。笔者就买过一处地产，是从原主的孙子手上转来的，房子登记记录 100 年左右。

找到房源信息

美国的房产登记已有 150 年历史。美国南北战争后，房产税始终是州级以下的地方政府的主要财政来源。美国州级下面一级是县（或翻译成郡）。收房产税，首先得登记房产。美国的房产登记基本都由县政府管理，信息是完全

公开的，可在网上查阅。哪怕是外国人在美国买的房子，也能查索到。若是中国人，用拼音搜索。

到美国著名房产网站 zillow.com，可以找到这些信息。比如，输入市名和州名“Mountain View，CA”搜索。就会看到相关的房子地址。

3368 Milton Ct,Mountain View，CA 94040，也可以搜索到房子信息，非常详细，比如房子销售历史情况等。

所有房产在网上都可以查到

另外，还需提醒大家的是，美国除了几个大城市比较像国内繁华都市外，其他大多数的地方都是以郊区独立屋的形式来建设。所以，一个城市需要有足够的空间去开发。成熟的城市经过 35 年后，就很少有地方能够有新房，只有尔湾市属于例外，由于几乎整座城市的土地都属于一家私人公司，房屋开发速度完全取决于该公司的规划。所以，不要错误地认为每个地方都能买到新屋。

考虑房产税

关于美国的房产税，是购房者每年都需向当地政府缴纳的。房产税与房屋及地段价值直接挂钩，由于近年来美国地价逐渐从 2008 年的金融危机中苏醒，因此房屋的地税每年也呈上涨趋势。有时候，豪宅白送也住不起。这就是所谓的买房容易养房难。

比如我们搜索到一套住宅，该住宅有五个卧室、三套卫生间，面积约为 8000 平方英尺，居住面积约为 3000 平方英尺，房子建于 1995 年，售价为 269 万美元。在美国当地，这属于有钱人的房子。美国家庭的中位收入约为 5 万美元，不吃不穿，得存钱 50 年才买得起这样的房子。即使买得起，也供不起，因为美国房子都得交房地产税。此套房子的房地产税现为 31416 美元。每年根据房子价值进行调整，基本只会调高。3 万多美元房产税，送给穷人住，都住不起。

如果中国买家成功购得新房，美国的“养房”成本也会是一笔不小的开支。

找到好的房产经纪人

找个好的经纪人也很重要。美国有一个属于经纪人共享的房源系统，简称 MLS，每一个经纪人都把自己代理的房子上传到这个系统。所有的上市屋都在这个系统中，完全透明。一般，大的都会区会有一个 MLS 网站，以大洛杉矶区为例，每天都有约 8 万至 10 万个房源在市。

美国是一个资讯很透明的国家，在看好一处房产后，经纪人大多都会帮助客人做房屋的价格评估，估算这个房子在最近的市场交易中的现在价值。如果卖主的要价高了，经纪人就要帮助买家杀价；如果要价低于市价，经纪人就要帮买主赶快抢下。有的时候有多位买主都看上同一个住宅，为了得到住宅，可能要出比要价高几倍的价格才能买上。因此，并不是每一个房屋都要杀价，而是要看要价的高低。重点是，买家要能正确评估房屋的价值，当然这需要一位好的经纪人协助。

很多买家担心房屋无法出租的问题，其实是过虑了。事实上，房子能否出租取决于业主的租金是否符合租赁市场的价格。美国房地产市场是很公开透明的，经纪人可以从 MLS 得到准确的数据。所以买家要买房的时候，在要求经纪人做房屋估价外，不妨也要求做一个租价评估；这对于美国富升地产的专业房产经纪人来说没有问题。

房产投资需要考虑的问题

投资房产有两个方面需要考虑：一个是租金回报率；一个是升值的潜力空间。后者比租金回报率更重要。通常，房屋越贵的地方其租金回报率是比较低的。比如东西两岸的纽约、旧金山、洛杉矶等都是房价比较高的区域，由于这些地区房价常常攀升，而对应的租金上涨水平跟不上房价上涨的幅度，因而其租金回报率相对比较低。但从长期来看，这些地方房屋升值的空间比其他租金回报率高的地方要大，因为想要购买此类房屋的人数较多，而买入的数量越多其房价就越高，这就是供需平衡。所以在投资时，并不是购买低价格高回报的房屋就是最好，而是要从两方面同时考虑。

在美国，无论你是美国人还是外国人，购房时所要缴纳的税费都是相同的。只有在卖房的时候稍有不同。当地居民在卖房时，在一定限额内是免增值税的。如果是单身居住的房屋，能享受到25万的免税。如果是夫妇共同拥有，则有50万的免税。举例说，如果是夫妻两人用50万买进房屋，再用100万卖出房子，他们就不用对50万的增值部分缴税。对于海外投资者，需要缴纳资本利得税，也就是增值税。

外国人卖屋时的“房产资本利得税预扣”是一个对外国人最不公平的法令。根据1980年外籍人士房地产投资法案规定：当非居民外籍人士出售美国房产时，需要先被预扣税，其目的是防止外国人买卖后离境无法追索增值税。但问题是预扣税是以售价的基础来预扣，这个数字相当惊人。此外，每个州也按州的法律来确定预扣比例，各州政府预扣的比例不同，比如加州对资本利得税要求预扣3.33%，所以在加州，外籍人士卖房总共被预扣卖价的13.33%。

有些来美国投资房地产的外籍人士，认为自己在扣除了一些修缮等支出最终并没有赚钱，应该不用缴税。但是，在卖房时仍要让过户公司先扣下业主百分之十几的预留税，只能等到下季报税的时候再申报退回。

此外，大家还需注意的是，买房与移民或签证之间是没有任何关系的。在美国买房、移民或美国签证都是由不同的部门及人员来办理的。移民局管不着申请人在美国有没有房产，当然，更不会因为有没有房产而区别对待。所以，千万别把移民或签证与买房混为一谈。

买股票时需要注意哪些问题

到网上，一般都会查到美国上市公司信息。雅虎网上的金融版是最完整的信息来源之一，可以为我们买股票提供参考依据。

通常情况下，在决定购买一种股票前，我们应弄清楚以下几个方面的问题：

公司企业是做什么的?

沃伦·巴菲特说，他不投资他不明白的公司。如果说过去60年来最伟大的投资者都勇于承认自己并不了解所有的公司，他肯定是有其智慧。这第一个基本的问题很简单，但并不容易回答。要回答这个问题，有很多地方要去看看，包括公司的网站和公司的产品等。

这个公司是否盈利?

这也是一个简单的问题。只是现在很多企业通过对其盈利表的操纵，让报表更加复杂化，让读者难以看懂。投资者可以读取季度和年度财报，以检查出公司净收益多少，美元总额和每股收益如何。但这是不够的。还需要检查其他几点，帮助找到可能的大疑点。

该公司的盈利历史和未来前景如何?

扫描旧的新闻报道和公司以往的季度报表，有助于回答这个问题。公司是否有稳定的盈利增长的历史？盈利波动吗？请记住，所有的树木长不到天上，如果公司是一个成熟的高科技公司，是否可以在维持其年轻时的强劲增长趋势？

该公司的股票被高估还是被低估?

增长型的公司，其盈利成倍增长，对投资者是件值得庆幸的事。但是等式的另一边是，市值里已经包括未来发展增长的前景值。决定公司价值的几种基本方法——市盈率、市销价值等，在雅虎和其他网站，这些数字可以很容易找到。虽然价格与市盈率或 P/E 倍数，不是完美的晴雨表，但投资者可以参考它们，考虑买股时票应支付多少。

公司有哪些竞争对手?

公司不是在真空中运作。比如可口可乐和百事可乐，两家公司都在不断试图学习彼此业务。许多其他竞争对手也是如此。投资者应该知道，把所有投资的公司堆起来——这家公司在其行业中占最大的市场份额吗？它是不是在一个竞争激烈的行业中的小而精的利基玩家？它所在行业是由一家公司主导，还是一个即使是最大的玩家控制的市场份额也不到 10%的分散的行业，如超市业务。此外，投资者还应更多地关注国外的竞争，低成本竞争往往会压低利润率。

公司管理团队是什么样的?

不同于专业基金经理，个人投资者不能到公司总部聊天，了解其管理的能力。但是，这并不意味着就没有办法找到公司有关领导。如今，任何上市公司都有网站。上面会列出高级管理人员，标明他们在公司多久了，他们的背景以及公司的历史等。如果公司的行政班子有一个一直转动的旋转门，可能反映公司的稳定性不是很好。除了了解公司行政班子的状况，投资者应该研究关于公司高管的文章——通常从任何行业出版物上都可以找到关于公司的有用信息。

公司的资产负债表可靠吗?

严肃的长期投资者，需要能够阅读公司的资产负债表。该公司背负的巨额债务与收入相比是多少？只是公司的盈利不会告诉你该公司是否为了实现这些收益而借款借到天上去了。看看公司花费在研发上的钱有多少，其库存水平有多大（如果其从去年开始增长，这可能意味着业务正在放缓）。

阅读公司的 10-K 和 10-Q 年度报告

10-K 报告是每家公司都要提交给美国证券交易委员会的年度报告。这个比较客观的年度报告，更反映实际财务情况。10-Q 则是季度报告，相当于 10-K 的每季度报告。10-K 和 10-Q 是认真的投资者都应该阅读的。如果连这些要求都觉得太多了，投资者最好还是避免个股，改投低成本的指数基金。

公司是否有任何诚信疑点?

现在，10-Q 和 10-K 报表即将派上用场了，因为里面含有很多信息。首先，它应该悉数每一个可能会破坏公司前景的风险因素。其次，它会解释公司的会计实务和操作假设，从资产折旧率、增长率、假设养老金增长率等可以来判断该公司是否过于激进。

公司的竞争地位是否具有可持续性?

几乎所有的股票投资者都要能够回答这个问题，当然超短期投资者可能不需要。

投资风格个人迥异。但严肃的长期的投资者在购买股票前，最好回答上面 10 个问题。事实上这些还不是投资者需要回答的所有问题，它们只是一个起点而已。另外，还可能有关于这些特定公司和行业的几十个其他问题，不应该置之不理。最后，股票购买后，还需要继续问问题，以确保答案仍然没变，以及有机会审视可能发现的新情况。

美国人怎么投资

通常情况下，美国的投资风险按照由低至高的顺序，前三种分别是：

买房

买房，尤其是买自住房是美国大多数家庭的投资选择。但多数美国人在买房时，首先考虑自己是不是喜欢，即所谓的梦想房。当然，除了要自己住，自住房的贷款利率低，房贷利息免税，升值盈利部分无税的额度较高，因此有投资少、风险小、预期稳、能积累资产净值等优点。“买房养老”成了在美国深受欢迎的投资理念。到老了动不了的时候，很多人选择把房子抵押给养老机构，希望在那里被照顾到离世。美国人普遍不爱储蓄，更爱借钱买房。美国官方的统计数据显示，美国家庭的平均储蓄率不及 4%，但有 68% 的家庭拥有自己的房屋。

买退休基金

买退休基金，尤其是通过就职单位直接扣薪金的方式购买退休金，在美国非常流行。美国国会通过税法推出了诸多各种各样的退休金投资项目，让大家参与。常见的有公司为员工提供的退休理财计划401K、政府机构为雇员提供的403B、投资机构为社会大众提供的退休理财计划IRA等，这些基金都有推迟缴税的税收优惠。

这些退休基金，人们常用作分散投资，风险较低。按规定，退休之前钱是不能取出的，否则会被强行要求缴纳罚款。因此，长期的投资回报比较可观。一般年收入十来万美元的中产家庭经过几十年的理财投资，退休时退休基金账号里有上百万美元是常事。从这一点来看美国人不喜欢存款的习惯，就好理解了，因为他们的晚年已经有了充分的保障。

股票、中间基金、债券

股票、中间基金、债券是美国三个比较主要的金融投资品种，其中股票风险较大，但回报较高，中间基金的风险和回报都比股票要低，而债券的风险和回报最低。遵循不能把所有的鸡蛋放在同一个篮子里的分散投资原则，美国理财专家的流行投资建议是每个人的投资中应包含股票、中间基金和债券三部分，以便分散风险。年轻时可以多冒一些险，因此股票比例高些；到了中年以后，就应该采用比较保险的投资策略而增加中间基金和债券的持有量；而临近退休时，整个投资组合就应该以债券为主，这样比较保险。

共同基金

在理财的所有金融产品中，共同基金是最受欢迎的理财方式，它已经有 100 多年的发展历史，是一种非常成熟的大众理财产品，美国投资公司协会的调查数据显示，目前美国约有 52% 的家庭共 9300 多万人持有共同基金，相当平均每三个美国人中就有一个共同基金持有者。

保险理财

在美国人眼里，财产保护与投资是一样重要的理财手段。所幸的是美国的保险市场非常成熟和规范。保险类产品不仅能够提供各类人们普遍认知意义上的保险产品，在家庭遭遇不幸时获得免收入税的赔偿，而且各类保险产品还可以参与家庭理财，尤其是对那些拖家带口的已婚人士来说，为家人做好应对突发事件的准备是很重要的保险理财工具。

外汇交易

外汇交易的投资风险是非常高的。但由于美国币种的多样化，加之美元可以直接参与交易，在美国无论是专业机构还是普通投资人，外汇交易的参与度是非常高的，它的收益主要取决于汇率波动，是一种高风险、高收益的投资方式。

美国的投资途径很多，理财产品成熟规范，因此美国人不青睐储蓄存款也就好理解了。投资理财在美国虽然可以自己直接做，但更多的人会选择雇佣有资质的理财专家打理。

在美国人们怎么合法节税

在一定的收入水平范围内，有许多方法可以帮助人们最大限度地减少税额。常见的办法有：

最大限度投资退休计划。所有适合的退休计划，无论是大公司的401K、403B，还是个体户退休计划或小公司的SEP、SIMPLE、Koegh退休计划，都是符合法规的受益计划，会提供一定的节税机会。在美国，只要符合条件，又有资金，可以最大限度地进行投资计划，以达到省税的目的。

不要错过任何可能的、扣除生活费用的节省税款的机会。税法规定，纳税人有权利减免以下当年的付出费用：赡养费、自雇医疗保险金、二分之一缴纳的任何自我就业税、健康储蓄账户中的扣除、对储蓄提前支取的处罚税、教育工作人员的教学费用、学生贷款利息、换工作搬家费用、学费和学杂费、付家务助理的工资。

不要错过税法给予的逐项扣减项目。税法允许每个人用以下这些费用来抵税：交纳的州税、居住费用、慈善捐款、保险柜租赁费、盗窃损失费、一个员工的业务坏账、商业责任保险的保费、支付给前雇主违反劳动合同的赔偿金、工作中使用计算机折旧费、商会成员会费、专业协会会费、教育费用、家庭办公室或家庭的一部分，定期专门用于工作和目前职业的求职费用、实验室破损费、与工作相关的法律费用、许可证和监管费用、医疗事故保险费、需要由雇主体检费、职业税、护照出差、收入援助金偿还根据雇主的计划接收、一个大学教授的研究费用、乡村邮递员车辆费用、订阅相关工作的专业期刊和贸易杂志费用、工作中工具和用品费用、旅游、运输、餐饮、娱乐、礼品费及相关工作的本地住宿费用、工会会费，及如果需要的话，不适合日常使用的工作服和制服费、与工作相关的教育等费用。

如果纳税人当年有交纳所在州的所得税，税款可以抵消联邦税。居住费用可以是房地产税、住房贷款、按期付款的利息、慈善捐赠。慈善捐赠好处很多，不仅让你在捐赠后得到为善助人的满足感，而且还可以抵税。依税法要求，必须把东西捐给合格的慈善组织才能抵税。这些组织在国税局里都有备案，可以上网查询。事故或被盗财物损失。您可以申请个人财产逐项扣减伤亡和盗窃的损失。注意，这里只能扣除来抵消收入。这里不能实报实销，如果您有投保，您可以由保险公司或其他方式报销损失。

此外就是工作相关的费用，例如一个员工的业务坏账、商业责任保险的保费、支付给前雇主违反劳动合同的赔偿金、工作中使用计算机折旧、商会成员会费、专业协会会费、教育费用、家庭办公室或家庭的一部分，定期专门用于在你的工作、在你目前的职业的求职费用、实验室破损费、与工作相关的法律费用、许可证和监管费用、医疗事故保险费、需要由雇主体检、职业税、护照出差、收入援助金偿还根据雇主的计划接收、一个大学教授的研究费用、乡村邮递员“车辆费用、订阅相关工作的专业期刊和贸易杂志、工作中工具和用品、旅游，运输，餐饮，娱乐，礼品及相关工作的本地住宿、工会会费和费用，及如果需要的话，不适合日常使用的工作服和制服、与工作相关的教育，等等。

利用所有的政府给的税额抵免信用的优势。税法还有很多直接减税款的项目，比如低收入信用、教育税收抵免、孩子税收抵免、国外税收抵免。

附 录

租房申请表

RENTAL HOME　　Email address
Phone Number　　RENTAL APPLICATION

FOR OFFICE USE ONLY　Circle One:　Approved　Denied　Cancelled
Apartment Address: 123 Main st., AnyTown, NY 12345
Move-in Date:　Pets: Yes or No

Basic Information:

Name (Last, First, M. I.) ______

Home Phone Number: ______　Cell Phone Number: ______

Work Phone Number: ______　Fax Number: ______

Email Address: ______

Current Address: Street: ______

City: ______　State: ______　Zip Code: ______

Requested Move-In Date: ______　Why are you moving? ______

How many people will be living in the apartment home?　1　2　3　4　5　6

Is this a Guarantor/Co-Signer Application?　Yes　No

If so, Guarantor's/Co-Signer's Relationship to Lessee: ______

Social Security Number: ______　Date of Birth: ______

ID Number (example: Driver's License): ______　State Issued: ______

Have you ever been convicted of a crime other than a minor traffic offense?　Yes　No

Have you ever been evicted?　Yes　No

Have you ever been sued for rent?　Yes　No

Have you ever been sued for property damages?　Yes　No

Current Residence:

Current Residence Mortgage or Rental Company: ______

Please Check One:　Rent　Own　Other: ______

Rent or Mortgage Amount: $ ______　Date you moved in: ______

Reason for Leaving Residence: ______

Manager/Contact: ______　Phone Number: ______

Fax Number: ______　Email Address: ______

If you have lived at your current residence less than six (6) months, a previous address is required.

Previous Address: Street: ______

City: ______　State: ______　Zip Code: ______

Previous Residence Mortgage or Rental Company: ______

Please Check One:　Rent　Own　Other: ______

Rent or Mortgage Amount: $ ______　Date you moved in: ______

Reason for Leaving Residence: ______

Manager/Contact: ______　Phone Number: ______

Fax Number: ______　Email Address: ______

Employment: (Please show w-2 and two most recent pay stubs or other evidence of income)

Current Employer Name: ______

Street: ______

City: ______　State: ______　Zip Code: ______

Supervisor Name: ______　Phone Number: ______

Fax Number: ______　Email Address: ______

Job Title: ______　Start Date: ______

Gross Annual Income: $ ______　Additional Annual Income: $ ______

If you have worked at your current employment less than six (6) months, previous employment is required.

Previous Employer Name: ______

Street: ______

City: ______　State: ______　Zip Code: ______

Supervisor Name: ______　Phone Number: ______

Fax Number: ______　Email Address: ______

Job Title: ______　Start Date: ______

Gross Annual Income: $ ______　Additional Annual Income: $ ______

RENTAL HOME Email address
Phone Number

RENTAL APPLICATION

Emergency Contact:

Name (First, M.I., Last): ______ Relationship: ______
Home Phone Number: ______ Cell Phone Number: ______
Work Phone Number: ______ Fax Number: ______
Email Address: ______
Street: ______
City: ______ State: ______ Zip Code: ______

In the event of serious illness or other circumstances that would make you unavailable, does this emergency contact have permission to remove your property from your apartment home or common areas?

☐Yes ☐No

All Occupants age 18 and over are obligated to fill out a separate rental application and be listed as a Lessee.

Who is the Head of Household or First Point of Contact living in the apartment home (this can be you or any joint Applicant)? ______

Joint Applicant(s) (all individuals 18 years of age and over):

Name: ______ Name: ______
Name: ______ Name: ______

Occupants (all individuals under 18 years of age):

Occupant #1:
Name: ______ Social Security Number: ______
Date of Birth: ______ Relationship: ______

Occupant #2:
Name: ______ Social Security Number: ______
Date of Birth: ______ Relationship: ______

Occupant #3:
Name: ______ Social Security Number: ______
Date of Birth: ______ Relationship: ______

Occupant #4:
Name: ______ Social Security Number: ______
Date of Birth: ______ Relationship: ______

Will you be bringing any pets? Yes No

If yes, please complete the following information:

Pet #1:
Pet Type: ☐Bird ☐Cat ☐Dog ☐Other: ______
Breed: ______ Weight: ______ pounds Color: ______
Name: ______ Age: ______

Pet #2:
Pet Type: ☐Bird ☐Cat ☐Dog ☐Other: ______
Breed: ______ Weight: ______ pounds Color: ______
Name: ______ Age: ______

Do you owe any outstanding amounts to a previous landlord? ☐Yes ☐No
If yes, please explain: ______
Are you in the process of filing or have you ever filed bankruptcy? ☐Yes ☐No
If yes, please explain: ______

Note: Application fee $30 will be used for background and credit history check, which will be conducted online by a third party. A refundable security deposit equivalent to a month rent is due prior to move in with first month rent. Extra pet deposit is required depending on the size and breed.

RENTAL HOME Email: Email Address Tel: xxx-xxx-xxxx REV 2016.1

RENTAL HOME Email address Phone Number **RENTAL APPLICATION**

APPLICANT AUTHORIZATION

1. Landlord relies on the information given above to be complete and accurate in order to act on the application in a timely manner. Any false statements, misrepresentations, inaccurate information or failure to supply the data requested above may serve as grounds for rejection of the application or grounds for an eviction action later.

2. By signing this application, the undersigned authorize(s) the use of any credit reporting and/or screening agencies to verify credit and validate the accuracy of all information recorded above. Further, my/our signature authorizes Landlord and the credit reporting and/or screening agencies to later exchange credit information and access my/our credit report(s) in the event of default of the Lease Agreement for collection or skip tracing purposes.

3. I/We warrant that all of the representations in this application are true and correct. I/We also understand that information provided on this application shall survive approval of this application and execution of a Lease Agreement.

4. I/We understand that occupancy of the apartment home is limited to persons specified on this application and that if I/we apply with other Applicants; all of our individual applications are evaluated collectively as a joint application. In multiple Applicant situations, application processing will not begin until the completed rental application and application fees for all Applicants (named on the first page of this application) have been received. In addition, I/we understand that the collective decision result is shared and binding to all joint Applicants. I/We also understand that if I/we are declined individually or as a joint Applicant for any reason other than failure to meet the minimum income requirement, I/we will not be eligible to reapply at any RENTAL HOME community for a minimum of 60 days from the date of this application.

5. I/We agree to submit to Landlord a valid form of photo identification (such as a state driver's license) prior to execution of a Lease Agreement.

6. In consideration of the costs associated with the processing of this application including background and credit check, I/we agree to pay Landlord a non-refundable application fee as stated earlier.

7. The undersigned acknowledge(s):
   a. Applicant's Credit Report will be pulled and must meet Landlord's minimum requirements.
   b. Applicant's Criminal Report will be pulled and must meet Landlord's minimum requirements.
   c. Applicant's employment must be satisfactorily verifiable by Landlord or Landlord's agent. The following are examples of acceptable forms of verification: Employer New Hire Offer Letter, two (2) most recent years of tax information, an annual Social Security Income Statement, a Disability Income Statement, Savings Account Statements, Grant Statements or Loan Statements.
   d. Applicant(s) must have a combined income of two and one-half (2 ½) times the monthly rental rate of the requested apartment home.
   e. Applicant must be a minimum of 18 years of age to enter into a Lease Agreement.

Signature:

______________________________ Date ____________

Applicant 1

______________________________ Date ____________

Applicant 2

RENTAL HOME Email: Email Address Tel: xxx-xxx-xxxx REV 2016.1

一个典型的租房合同

[redacted]

RESIDENTIAL LEASE-RENTAL AGREEMENT

This is a legally binding Agreement; if not understood, seek competent legal advice prior to signing.

THIS FORM IS DESIGNED AND INTENDED FOR THE LEASE-RENTAL OF RESIDENTIAL REAL ESTATE LOCATED IN THE STATE OF DELAWARE (EXCEPTING THOSE RENTAL AGREEMENTS WHICH ARE EXCLUDED FROM APPLICATION OF THE DELAWARE LANDLORD-TENANT CODE).

PARTIES:
Landlord: ____________________

Tenant: ____________________

Current Address: ____________________

Primary Phone #: ____________________ Email address: ____________________

		Total Due	Received	Due Prior To Occupancy
Rent for the period of		$	$	$
Security Deposit:		$	$	$
Tax (if applicable):		$	$	$
Animal/Pet Deposit:		$	$	$
Other:		$	$	$
TOTAL:		$	$	$

Tenant hereby offers to rent from the Landlord and Landlord agrees to rent to Tenant the property situated in the City/Town of ________ County of ______________, State of _____________, and more fully described as ____________________ (hereafter referred to as the "Property"), with a mailing address of: ____________________ upon the following TERMS and CONDITIONS:

1. TERM: The term hereof shall commence on ________________________, and continue until 11:59PM on ________________ (last day of term), for a total rent of ______________________, plus tax if applicable.

2. RENT: Rent shall be ____________________ per month, payable in advance, upon ______________ day of each calendar month to Landlord, or his/her authorized agent, at the following address:

____

or at such other place as may be designated by Landlord from time to time. In the event the rent is not paid within five (5) days after due date, Tenant agrees to pay a late charge of _______, plus interest at the maximum rate allowed by the law on the amount still delinquent after one month. Tenant further agrees to pay _________ for each dishonored bank check. The late charge period is not a grace period, and the Landlord is entitled to make written demand for any rent if not paid when due. Any unpaid balances remaining after termination of occupancy shall accrue interest at the maximum rate allowed by law. Properties located within certain cities, municipalities and communities may be subject to additional rental taxes. Tenant agrees to pay any applicable rental tax monthly in addition to the rental amount stated herein.

3. RENTAL APPLICATION: In the event Tenant has completed a rental application, Tenant represents that all information contained therein is true and correct to the best of the Tenant's knowledge, information and belief. Providing incorrect or inaccurate information on the application is considered to be a breach of this Agreement and shall be grounds for termination of this Agreement by the Landlord.

4. TENANT RESPONSIBILITIES: It is expressly understood that this Agreement is between the Landlord and each signatory jointly and severally. Each signatory shall be responsible for timely payment of all rent and performance of all other provisions of this Agreement.

Page 1 of 5

5. USE AND OCCUPANCY: The Property shall be used exclusively as a residence for no more than ____________ persons. Guests staying more than a total of _______________ days in a calendar year without prior written consent of the Landlord shall constitute a violation of this Agreement.

6. UTILITIES: Tenant shall be responsible for the payment of all utilities and services unless otherwise provided in this Agreement. Any utilities or services which cannot be transferred into Tenant's name are still the responsibility of the Tenant unless otherwise agreed to herein and Tenant agrees to reimburse Landlord/Agent within ______________ days of receipt of notice thereof. Tenant agrees not to turn off the utilities at the end of the lease term but to have them transferred back into the Landlord's name unless otherwise instructed by Landlord.

7. ANIMALS/PETS: Unless otherwise provided by separate addendum, no pets/animals of any kind shall be brought on the Property without the expressed written consent of the Landlord.

8. ORDINANCES AND STATUTES: Tenant shall comply with all statutes, ordinances and requirements of all municipal, state and federal authorities now in force, or which may hereafter be in force, pertaining to the use of the Property. Tenant further agrees to abide by all rules and regulations of any community or condominium in which the Property is a part of, whether promulgated before or after the execution of this Agreement. Tenant shall be responsible for any fees, fines or penalties assessed against Landlord resulting from any actions of the Tenant or Tenant's guests or invitees in violation of this provision.

9. BUILDING/COMMUNITY RULES: In the event that the Property is a portion of a building or community containing more than one unit, Tenant agrees to abide by any and all building/community rules, whether promulgated before or after the execution hereof, including, but not limited to, rules with respect to noise, odors, disposal of trash, pets/animals, parking, grass cutting and use of common areas.

10. NO SUBLETTING OR ASSIGNING OF RENTAL AGREEMENT: Tenant shall not assign this Agreement. Tenant shall not, without prior written consent of the Landlord, sublet the Property or any portion thereof.

11. SUBORDINATION: Tenant agrees that this Agreement shall be subordinate to any mortgages which may now be in effect or hereafter be placed upon the real property of which the Property forms a part, and to any and all advances made or to be made thereunder. Tenant agrees to sign any and all papers required by a lender or title insurer to confirm this.

12. MAINTENANCE, REPAIRS OR ALTERATIONS: Tenant acknowledges that the Property is in good order and repair, unless otherwise indicated herein. Tenant shall at all times, maintain the Property in a clean and sanitary manner including all equipment, appliances, furniture and furnishings therein and shall surrender the same, at termination hereof, in as good condition as received, normal wear and tear excepted. Tenant shall be responsible for damages caused by his negligence and that of his family or invitees and guests. Tenant shall not paint, paper or otherwise redecorate or make alterations to the Property without the prior written consent of the Landlord. Tenant shall irrigate and maintain any surrounding grounds, including lawns, and shrubbery, and keep the same clear of trash or weeds, if such grounds are a part of the Property and are exclusively for the use of the Tenant unless otherwise agreed herein. Tenant shall not commit any waste upon the said Property, or any nuisance or act which may disturb the quiet enjoyment of any Tenant in the building, or any surrounding neighbors. Tenant shall not have a waterbed on the Property without the prior written consent of the Landlord.

Any defective condition of the Property which comes to the Tenants' attention, and which the Tenant has reason to believe is the duty of the Landlord or of another Tenant to repair, shall be reported in writing by the Tenant to the Landlord as soon as is practicable. The Tenants shall be responsible for any liability or injury resulting to the Landlord as a result of the Tenants' failure to timely report such condition, unless Landlord has actual notice of the defective condition. Tenant agrees, at their own expense, to replace any/all HVAC filters and smoke detector batteries no less than every six (6) months.

13. INVENTORY: The rental shall include the following appliances, furnishings and appointments: ______________________________

____

____

____

14. DAMAGES TO PREMISES: If the Property is so damaged by fire or from any other cause as to render it untenantable, then either party shall have the right to terminate this Agreement as of the date on which such damage occurs, through written notice to the other party, to be given within (15) fifteen days after occurrence of such damage; except that should such damage or destruction occur as the result of the abuse or negligence of Tenant or Tenant's guests or invitees, then Landlord only shall have the right to termination, and shall have full recourse against Tenant or Tenant's guests or invitees for such fault or negligence.

Should any termination right be exercised by either the Landlord or Tenant, then except for an event of Tenant or Tenant's guests or invitees, fault or negligence, rent for the current month shall be prorated between the parties as of the date the damage occurred and any prepaid rent and unused security deposit shall be refunded to Tenant. If this Lease is not terminated and Tenant continues in possession, then Landlord shall promptly repair the Property and there shall be a proportionate reduction of the rent until Property is repaired and ready for Tenant's occupancy. The proportionate reduction shall be based on the extent to which the making of repairs interferes with Tenant's reasonable use of the Property.

15. ENTRY AND INSPECTION: Landlord or Landlord's Agent shall have the right to enter the Property: (a) in case of emergency; (b) to inspect the Property, make necessary or agreed repairs, decorations, alterations, improvements, and supply necessary or agreed services, exhibit the Property to prospective buyers, mortgagees, tenants, workmen, or contractors; or (c) when Tenant has abandoned or surrendered the Property. Except under (a) and (c), entry maybe made only during normal business hours, and with at least forty-eight (48) hours prior notice to Tenant given in accordance with the Landlord Tenant Code, unless otherwise agreed to by addendum to this Agreement.

16. INDEMNIFICATION: Landlord or Landlord's Agent shall not be liable for any damage or injury to Tenant, or any other person, or to any personal property, occurring on the Property or any part thereof, or in common areas thereof, unless such damage is the proximate result of the negligence or unlawful act of the Landlord, his agents, or his employees. Tenant agrees to hold Landlord and Agent harmless from any claims for damages, no matter how caused, except for injury or damages caused by willful act or negligence of Landlord, his Agents, or employees. Landlord's insurance does not cover Tenant's personal property. Tenant is encouraged to obtain Tenant's insurance for their contents and personal liability.

17. POSSESSION: If the Landlord fails to put the Tenant into full possession of the Property at the beginning of the agreed term, the rent shall abate during any period the Tenant is unable to enter and:
(a) Upon notice to the Landlord, the Tenant may terminate the rental agreement at any time the Tenant is unable to enter into possession; and the Landlord shall return all monies paid to the Landlord for the rental unit, including any pre-paid rent, pet deposit and security deposit; and
(b) If such inability to enter is caused wrongfully by the Landlord or by anyone with the Landlord's consent or license due to substantial failure to conform to existing building and housing codes, the Tenant may recover reasonable expenditures necessary to secure equivalent substitute housing for up to one (1) month. In no event shall such expenditures under this subsection exceed the agreed upon rent for one (1) month. Such expenditures may be recovered by appropriate action or proceeding or by deduction from the rent upon the submission of receipts for same.
If such inability to enter results from the wrongful occupancy of a holdover Tenant and the Landlord has not brought an action for summary possession against such holdover Tenant, the entering Tenant may maintain an action for summary possession against the holdover Tenant.

18. DEFAULT: Should the Tenant fail to pay rent when due, or otherwise violate any of the provisions of this Agreement, and should such failure to pay rent or other violation continue after proper notice of such default is given in the manner required by law, (5 days notice for unpaid rent and 7 days notice for all other violations), then the Landlord may elect to (a) continue the Agreement in effect and enforce all his rights and remedies hereunder, including the right to recover the rent as it becomes due, or (b) at any time, terminate all of the Tenant's rights hereunder and recover from Tenant all damages he may incur by reason of the breach of the Agreement, including the cost of recovering the Property, and including the worth at the time of such termination, or at the time of an award if suit be instituted to enforce this provision, of the amount by which the unpaid rent for the balance of the term exceeds the amount of such rental loss which the Tenant proves could be reasonable avoided.

If Tenant abandons or vacates the Property while in default of the payment of rent, Landlord may consider any personal property left on the Property to be abandoned and may dispose of the same in any manner allowed by law. All personal property on the Property is hereby subject to a lien in favor of Landlord securing the payment of all sums due hereunder, to the maximum extent allowed by law.

19. SECURITY: The security deposit set forth shall secure the performance of the Tenant's obligations as defined below:
(a) Reimburse the Landlord for the actual damages caused to the Property by the Tenant which exceed normal wear and tear or which cannot be corrected by painting and ordinary cleaning; and/or,
(b) Pay the Landlord for all rental arrearage due under this Agreement, including Service Fees and rental due for premature termination or abandonment of this Agreement by the Tenant; and/or,
(c) Reimburse the Landlord or their agent for all reasonable expenses incurred in renovating and re-renting the Property caused by the premature termination of this Agreement by the Tenants, which included termination pursuant to 25 Del. C. 5314.
In the event an animal/pet Deposit has been paid by Tenant, any damage to the Property caused by an animal/pet shall first be deducted from the animal/pet deposit. Where the pet deposit is insufficient, such damages may be deducted from the security deposit. Pursuant to the Landlord Tenant Code, the Landlord may, but shall not be obliged to, apply all portions of the said deposit on the account of Tenant's obligations hereunder. Any balance remaining upon termination, shall be returned to the Tenant. Tenant shall not have the right to apply the security deposit in payment of the last month's rent. All Deposits will be held in escrow by the Landlord or their authorized Agent unless otherwise notified. Any interest accruing on any funds held by Landlord/Agent shall accrue to the Landlord/Agent. Deposits shall be held in an account with ______________________________ (a federally-insured banking institution with an office that accepts deposits in Delaware) .

20. DEPOSIT REFUNDS: The balance of all deposits shall be refunded within twenty (20) days from date possession is delivered to Landlord, or his authorized Agent, together with an itemized written statement showing any charges made against such deposits.

21. FAIR HOUSING: All Parties agree to comply with all Fair Housing and Civil Rights laws in the rental of the Property and further agree specifically not to discriminate against any person because of race, color, national origin, religion, creed, sex, marital status, sexual orientation, age, occupation, handicap, disability, or a child or children in the family. Landlord and Agents shall comply with all provisions of the Delaware Fair Housing Act and with the Fair Housing provisions of Section 5116 of the Delaware Residential Landlord-Tenant Code.

22. TERMINATION: Either Landlord or Tenant may terminate this Agreement upon the expiration date by giving a minimum of sixty (60) days written notice prior to the last day of the term hereof, whereby this Agreement shall terminate upon its expiration date. Tenant may terminate this Agreement upon thirty (30) days written notice, which thirty-day period shall begin on the first day of the month following the day of actual notice, provided the Tenant can satisfy one of the requirements of the exceptions as set forth in 25 Del C §5314. In such event the Tenant shall provide Landlord with sufficient documentation to verify the Tenant's right to early termination. In the event a military service member qualifies under §535 of the Service members Civil Relief Act (50 USC App §§501 *et seq),* no early termination fee will be charged.

23. HOLDOVER TENANCY: In the event the term of this Agreement is for one (1) year or longer and the Landlord does not give the Tenant at least sixty (60) days written notice prior to the expiration of the term, and the Tenant does not give at least 60 days written notice to the Landlord prior to the expiration of the term, of either's intention to terminate this Agreement upon the end of the term, then the term shall become month to month and all other provisions shall continue in full force and effect until either party shall terminate the same by giving the other party sixty (60) days notice in accordance with the Delaware Landlord Tenant Code. Said sixty (60) days shall begin on the first day of the month following the date of such notice.

Should the Landlord intend to renew this Agreement subject to amended or modified provisions, the Landlord shall give the Tenant a minimum of sixty (60) days written notice prior to the expiration of the term hereof. After receipt of such notice from the Landlord, should the Tenant fail to give notice to the Landlord at least 45 days prior to the last day of the term hereof of their intention to terminate the existing Agreement, the provisions of the amended or modified Agreement shall be deemed to have been accepted and agreed to by the Tenants and the terms of the Agreement, as amended, shall take full force and effect.

Should the Tenant continue in possession of the Property after the expiration of this Agreement without the Landlord's consent and after receiving proper notice from the Landlord, Tenant shall pay to the Landlord a sum of double the monthly rental under this Agreement, computed and pro-rated on a daily basis, for each day the Tenant remains in possession for any period. In addition, the holdover Tenant without Landlord approval shall be responsible for any further losses incurred by the Landlord as determined by a proceeding before any Court of competent jurisdiction.

24. WAIVER: No failure of Landlord to enforce any term hereof shall be deemed a waiver. The acceptance of rent by Landlord or Landlord's agent shall not constitute a waiver of the Landlord's right to enforce any term hereof.

25. NOTICES: Any notice which either party may give, or is required to give, shall be given in accordance with the Delaware Landlord Tenant Code.

26. TIME: Time is of the essence of this Agreement.

27. LANDLORD TENANT CODE: THIS AGREEMENT SHALL BE GOVERENED BY THE DELAWARE LANDLORD TENANT CODE. The Tenant acknowledges receipt of a copy of the Landlord Tenant Code Summary. If the Property is in New Castle County outside a City, Tenant also acknowledges receipt of the New Castle County Tenants' Rights and Responsibilities Guide.

28. NOTICE OF EXTENDED ABSENCE: Tenant shall notify the Landlord in writing prior to the first day of any anticipated absence from the Property of the Tenant for more than seven (7) days. Failure to give said notice may be treated as abandonment of the Property and may be grounds for the termination of this Agreement. Tenant agrees to keep utilities on and adequate heat and A/C (if applicable) in the unit during any extended absence from the Property.

29. ADDITIONAL TERMS AND CONDITIONS:

____

____

____

____

____

30. CONSUMER INFORMATION STATEMENT (CIS): The parties acknowledge that they have previously received, read and executed the Delaware Consumer Information Statement for Consumers seeking to Rent Residential Property and confirm the following agency relationships exist.

I. ______________________________, Listing Broker
☐ Landlord's Agent ☐ Dual Agent

II. ______________________________, Licensee
☐ Landlord's Designated Agent ☐ Designated Dual Agent

III. ______________________________, Renting Broker
☐ Tenant's Agent ☐ Dual Agent ☐ Landlord's Subagent

IV. ______________________________, Licensee
☐ Tenant's Designated Agent ☐ Designated Dual Agent ☐ Landlord's Subagent

ATTACHMENTS: If checked, the following attachments are made a part of this lease Agreement:

- ☐ Lead Based Paint Addendum
- ☐ Radon Disclosure
- ☐ Smoke Detector Pamphlet/Information
- ☐ Community Rules & Regulations
- ☐ Utility Addendum
- ☐ Pet Addendum
- ☐ Entry Agreement
- ☐ Entry Agreement with Lockbox Authorization
- ☐ Furnishings Addendum
- ☐ City of Newark Addendum

☐ Other: Renter's insurance Addendum______________________________

ENTIRE AGREEMENT: The foregoing constitutes the entire Agreement between the parties and may be modified only by written Agreement signed by both parties. All parties hereto certify that they are at least eighteen (18) years of age and have the legal capacity to enter into this Agreement. Tenant and Landlord agree that the invalidity of any one or more provisions of this Agreement shall not invalidate any other provision of the Agreement itself.

IN WITNESS WHEREOF, the parties have signed this Agreement on the date stated below, thereby showing their receipt of same and their intent to be bound by the terms of this Agreement.

Landlord Date/Time	Tenant Date/Time
Landlord Date/Time	Tenant Date/Time
Listing Broker	Office Address
Office Phone Number	Office Fax Number
Licensee	Phone/Email Address
Renting Broker	Office Address
Office Phone Number	Office Fax Number
Licensee	Phone/Email Address

租房合同的保险附加条款

Renter's Insurance Lease Addendum

Resident Insurance Requirement: Resident agrees to maintain at Resident's sole expense a standard type of Tenant's or Renter's homeowners insurance policy, or its equivalent, issued by a licensed insurance company of Resident's selection which provides limits of liability of at least **$100,000** personal liability.

Resident agrees to use and maintain the Premises as follows: Not to have on the Premises an aquarium or any equivalent type of device with a capacity in excess of twenty-five (25) gallons without prior written consent of Landlord. Waterbeds are not permitted.

Satellite Dishes: Owner will permit Resident to install a satellite dish for personal, private use on the premises under the following conditions:
G. Resident shall obtain and at all times retain a liability insurance policy for said satellite dish with a minimum of **$100,000** coverage and cause owner to become an "additional insured" under said policy. Resident shall provide proof of said insurance to the satisfaction of Owner before said satellite dish is installed.

I (we) have read and agree to the above Renter's Insurance requirements and will maintain insurance policy with a minimum of $100,000 coverage and cause owner to become an "additional insured" under said policy. I (we) will provide proof of said insurance to the property manager upon request by owner or agent for owner.

______________________________ ______________________________

Resident Date Property Owner Date

____

Resident Date

____

Resident Date

____

Resident Date

租房合同的宠物附加条款

Renter's Pet Lease Addendum

This is addendum to the Lease Agreement signed on _____________, 20____ on property 152 Steven Ln, Wilmington DE 19808, by Owner and Tenant. This document modifies the Lease Agreement as described below.

Pet name: ____
Pet type (dog, cat, other): __________________________
Pet breed: ____
Pet description: _______________________________________
Pet weight: __________ Pet age: __________________
Indoor ____ Outdoor _____ Spayed/Neutered (Y/N) ______

Owner grants permission to Tenant to keep the Pet described above (and no other pets) at the aforementioned premises, subject to the Terms and Conditions of the Lease Agreement. Owner reserves the right to revoke this permission at any time, should Tenant fail to comply with the Terms and Conditions of the Lease Agreement and this Addendum.

Tenant has given to Owner a pet deposit of $________, which is a one-time fee that is added to the security deposit. Tenant understands that this deposit is refundable at the end of the lease term, upon the Tenant's compliance with all terms and conditions and the return of the premises in good condition, free of pet damage, odors, and flea or other pest infestation. In addition, Tenant is responsible for all damages caused by or made necessary as a result of the Pet, including those in excess of the amount of the pet deposit.

Tenant is responsible for controlling the Pet and complying with all city ordinances regarding requirements for licensing, vaccinating, and leashing the Pet. Tenant will keep premises free of pet waste and will not permit the Pet to be a nuisance to others. If the Tenant becomes aware of any vicious tendencies on the part of the Pet, the Pet should be removed from the premises immediately.

Owner also has the right to enter the premises if there is reason to believe the Pet poses a threat to the health and safety of others or if a violation of the Lease Agreement or Addendum is suspected. Owner will not enter the premises without first making a reasonable attempt to request entry from the Tenant, except in the case of an emergency or Tenant's failure to respond within a reasonable amount of time. If the safety of the Pet or others is threatened for any reason, Owner has the right to remove the Pet at any time and place it in the custody of Animal Control. Any fees incurred for the Pet's removal or boarding are the responsibility of the Tenant.

Tenant ____________________________________ Date ______________________

Owner ____________________________________ Date ______________________